马云的超级沟通力

语言释放格局

刘志则 高佳奇 ◎著

花山文艺出版社

图书在版编目（CIP）数据

马云的超级沟通力：语言释放格局 / 刘志则，高佳奇著．— 石家庄：花山文艺出版社，2018.9（2020.7 重印）
ISBN 978-7-5511-4251-9
Ⅰ．①马… Ⅱ．①刘… ②高… Ⅲ．①马云－语言艺术－通俗读物 Ⅳ．① H019-49
中国版本图书馆 CIP 数据核字 (2018) 第 208685 号

书　　名：马云的超级沟通力：语言释放格局
著　　者：刘志则　高佳奇

责任编辑：贺　进
责任校对：李　伟
美术编辑：胡彤亮
出版发行：花山文艺出版社（邮政编码：050061）
（河北省石家庄市友谊北大街 330 号）
销售热线：0311-88643221/29/31/32/26
传　　真：0311-88643225
印　　刷：环球东方（北京）印务有限公司
经　　销：新华书店
开　　本：710 × 1000　1/16
印　　张：17
字　　数：200 千字
版　　次：2018 年 10 月第 1 版
2020 年 7 月第 4 次印刷
书　　号：ISBN 978-7-5511-4251-9
定　　价：56.00 元

序

Foreword

超级沟通力成就强大马云

由知名出版人刘志则和财经作者高佳奇共著的《马云的超级沟通力》就要面世，受邀作序，荣幸之至。作为滔刻精益表达俱乐部的发起人之一，我浅谈几句对沟通力以及马云先生自身沟通力的理解。

马云先生现在可谓是无人不知、无人不晓的大企业家，但除了企业家这个身份之外，其实，他也是一位伟大的演说家。那么，演讲又是一个什么概念呢？个人认为，演讲是一种理念的灌输，是把自己的思想传输到别人的脑子里。演讲和分享有很大的不同：分享是我用我的语言说我的经历，给你做参考；而演讲是我用你能听懂的语言说经历，然后再让你吸收。

在没有足够的经济实力以前，创业者的演讲能够吸引多少志同道合的人，几乎是他创业或者成为领导者最重要的一环。对于企业家和个人来说，拥有一种与人达成共识的能力是非常重要的。

所谓沟通，“沟”指的是信息交换，“通”则是指共识的达成。在我们的生活中，有“沟”没有“通”的对话比比皆是，你说你想说的，但听者却没有理解或不为所动。马云先生的“沟通力”不只强调“沟”，更强调“通”。在演讲的舞台上，马云先生可以说是最有思想力的企业家之一了，他的演讲总是能令在场的听众热血沸腾、激情澎湃。

如果你细心观察马云先生的演讲或者平时他在公众场合的说话，你会有一个惊人的发现：他的讲话里有很强的道家思想印记，而且通常包含一些正言若反、前后对比的语句。比如，“一个好的东西往往是说不清楚的，说的清楚的往往不是好东西，免费是世界上最贵的东西”“以前我的工作就是生活，以后我的生活就是工作”“大企业要讲细节的东西，小企业要有大的胸怀”“晚上想想千条路，早上醒来走原路”等等。这些都是一些充满了哲学思维的语句。

目前，滔刻俱乐部通过对超过一千位来自世界各地的演讲者研究分析，最终发现：语言是个人思维能力及世界观的综合体现，而决定语言吸收程度的是使用语言的人能够跳出他人思维的能力！对于普通人来讲，他们使用语言的时候，通常就是为了交换信息和描述世界。很多时候，人们都没有发现，其实语言还有一个非常重要的功能，就是描述那些非物质的世界，比如哲学、数学或美术。而在这其中，对语言产生最大影响的一门学科就是哲学。

为什么说马云先生的话有着很强的道家哲学印记呢？我们不妨具体问题具体分析。比如，马云先生说："最优秀的模式往往是最简单的东西。"而这句话背后则体现了老子说的"曲则全，枉则直，洼则盈"的思想；马云先生又说："过去人们把我们想得很糟，我们其实比别人想的好一点点，现在别人把我们想得很好，我们其实做的比别人想的差一点点。"这句话中又体现了老子说的"祸兮福之所倚，福兮祸之所伏"的思想。

人类天性关注变化，不管是颜色的变化，大小的变化，多少的变化，前后的变化，都会被人类所察觉，这是人类为了保护自己而修炼出来的本能。因此，我们应该明白，如果我们想要表达一个意思，可以学习马云先生的表达方式——在一句话中运用辩证的思维，既说正话，又说反话，使得表达既充满矛盾又凸显合理性。而这样的表达方式不会太过偏激，也更容易让听众接受。

与其说马云先生的沟通力很强，不如说马云的思维厉害。《道德经》是中华文明的瑰宝，马云拥有超强的理解力，能将其纳为己用。这种思想不仅仅在语言上被他所用，甚至在阿里巴巴的创始之初也被充分地使用。老子说："道生一，一生二，二生三，三生万物。"所以马云以客户为中心——客户第一，员工第二，股东第三，然后发展出了阿里巴巴生态圈；老子说："天地所以能长且久者，以其不自生，故能长生。"所以阿里巴巴自始至终都在谈赋能，老子以天地赋能万物，阿里巴巴赋能中小企业，因为赋能别人自己才可保永存；老子说："三十辐共一毂，当其无，有车之用……凿户牖以为室，当其无，有室之用。"意思是车空了人才能坐，房子空了人才能住，强调"无"才能为人所用。所以马云创立阿里巴巴，开拓线上的、看不见的、新的空间供企业使用及发展。

在阿里巴巴的日常经营中，马云好像也是在用《道德经》中的一些思想来管理公司。老子说："居其实，不居其华。"所以马云谈要把虚的做实，甚至把阿里巴巴的价值观纳入 KPI 考核体系，这在一般企业是根本无法想象的。老子说："夫唯不争，故天下莫能与之争。"所以马云谈要竞而不要争，竞是让自己更好，争是比别人更棒，关注点不一样，大家心态也就不一样，释放压力才能轻松上阵；老子说："天之道损有余而补不足，人之道损不足以奉有余。"所以马云接受《赢在中国》栏目组的采访时说："战略你要知道，你要什么，你要放弃什么。"

阿里巴巴鼓励内部创业，你有好的想法你可以实现，可以内部投资，公司并不会横加指责，甚至提供平台供你发展。而这不是也符合了老子说的顺其自然、无为而治的思想。马云辞去阿里巴巴 CEO 时，也应了老子所说的："圣人后其身而身先，外其身而身存。"把自己置于众人之后，却得到大家的推崇，把自己置之度外，却能保存自己。

老子说："知人者智，自知者明。"原意是：懂得别人的人是智慧的人，了解自己的人是聪明的人。而在 2016 年的亚布力论坛上，马云回答在场嘉宾的提问时这样说："对别人有用叫智慧，对自己有用叫聪明。"马云的回答精彩绝伦，既符合《道德经》的思想，又有新的延展；老子说："无为而治。"原意是不妄为，顺应自然不折腾，在 2017 年的香港演讲中，马云说："无为，就是没有结果依然愿意为。"

在最近的一次香港演讲中，马云说："中国道家哲学讲究人与自然的和谐，中国儒家思想讲人改变自己适应这个社会，中国佛家思想讲究自己的行为顺应内心的发展。"这说的不仅是企业法则、处世法则，我想，这也是他的生存法则。

语言是思维的体现，马云的超强沟通力来源于他能够有效运用哲学的思维。

亚里士多德曾经说过，知识分两种：第一种是真理，研究宇宙的规律；第二种是实用性知识，运用于生活。我们经常看畅销书，讨论技术如何运用于生活，所以我们很少听到关于人与自然、人与社会、人与内心发展的真理性知识。当这种知识出现时，我们会觉得新鲜、特别，自然就引发了我们的思考。这种新的视角不是一种单纯的工作运用视角，而是对生活对生命感悟的视角。

在研究沟通力的过程中，我们认为思维是决定语言吸引力的关键，这个思维能力指的不是智商，指的是看待问题的视角和逻辑能力，你的语言对你思想的描述就是别人了解你最好的出处，就是影响对方的入口。

在智能设备用于学习、社交和信息收集的时候，我们既要学会技术，也要学会沟通。滔刻俱乐部创办的初心就是想提供一个平台供大家练习表达，练习沟通。正如佳奇的这本书：这不是一个简单的语言分析，而是要让大家收获一个超强的生活技能。表达强，言语能顶千斤之力；表达弱，说话如隔靴搔痒。

一点拙见，与大家共勉，祝本书大卖，祝大家拥有超强沟通力——所说的每个字都有力量！

滔刻精益表达俱乐部创始人　王凯志

2018 年 6 月

大道至简

作为为数不多的几个服务过马云和其他互联网大佬的人，本书从马云的演讲和沟通力的角度进行了深度且细致的分析。的确，马云超凡的沟通（其实是演讲）能力使他显得与其他老板都有所不同，因此，他也常常被冠上“演讲大师”的称号。

马云老师之所以这么能“说”，一方面是因为他所从事的行业性质决定的，另一方面也是因为他本来就是导游出身。有人曾说：“一个人的灵魂是不会变的。”那个多年前在杭州西湖边上，见到外国人就主动“拉家常”的杭州小伙，一直没有变，只不过他的客户从普通外国游客换成了各国政要。

马老师的能“说”也为阿里巴巴的员工带来了很多好处。阿里巴巴是一个典型的“克里斯玛型权力”（即政教合一）公司。公司内部有马老师这样一个超级能“说”，且具有独特人格魅力的老板，使员工对外推行业务也变得顺畅起来了。据说，每当员工去肯德基吃饭时，肯德基里的服务员一听是阿里巴巴的员工，都会向他们投来友善的目光。

在公司内部，所有员工也都把马老师当“太阳”看待，而且很多时候，他们遇到事情也总会向他请教，因为他们知道马老师肯定能给出中肯的意见。

本书从管理学、心理学的角度分析阐述了马老师的沟通能力为什么如此实用、有效。我认为，从马老师的沟通和演讲中总结出来的技巧和方法是一个普遍性的攻略，对任何人都适用，比如说话速度放慢、语气铿锵有力等。而普通人在对某一件事情做判断的时候，有时候不是基于真实和逻辑，而在于说话人的权威。权威越大的人往往越容易让人信服。

马老师的“超级沟通力”的独到之处就是简单、直接、一针见血。

简单、直接这两个特点不仅体现在马老师的讲话中，也体现在员工写给他的报告中。阿里的员工写给他的报告材料，通常不超过两页，一句话不超过一行，内容必须是“有料”的，文风必须是大白话。所以说大道至简，应该就是如此吧。

阿里研究院专家　酒　狸

2018 年 7 月

目　录

Contents

Chapter 02

烘托气氛，掌控全局

——马老师也是演讲大师

Chapter 03

底气十足，超强自信

——格局由心生，也由口出

Chapter 04 机敏睿智，奇特灵活

——自如应答的艺术

Chapter 05 巧妙互动，拉近距离

——大 IP：超强互动

Chapter 06 诙谐幽默，妙语连珠

——奇特表达中见微知著

Chapter 07 机智博弈，攻无不克

——谈判与沟通技巧

Chapter 08 先建感情，再谈事情

——商业中的成交与转化

Chapter 09 快乐工作，沟通无间

——管理中的沟通力运用

前言

Preface

美国著名人际关系学大师卡耐基曾说：“一个人事业上的成功，只有 15% 是靠他的专业技术，另外 85% 要依靠人际关系与处世技巧。”是人才未必有口才，有口才必定是人才。专业技术是硬本领，善于处理人际关系的本领则是软本领。马云的软本领就是他与众不同、卓越超群的沟通能力。

从筚路蓝缕的创业者，到坐拥金山的企业家，他的创业之路凝聚着无数的心酸与坎坷；从屡屡被人称为“骗子”、处处吃闭门羹的“推销员”，到掀起全球商人学习热潮的高级管理者，他的管理理念和经营哲学受到了万千人的追捧。

从对互联网完全不懂的“门外汉”到一跃成为该行业的领军人物，他的成功之道和企业家精神引得多家媒体争相报道！这个传奇人物就是马云。

他是“头巨脸凹下巴小，两眼有神嘴巴大”的“外星人”，也是连续四次创业失败的失意者，更是集“骗子、傻子、疯子”于一身的执着者。他连续两年高考失败，应聘直接被拒绝，创办翻译社却因入不敷出而倒闭。他去百货大楼门口拉横幅、发传单，也去过公司、医院做推销，遭过冷遇，受尽白眼。但就是在这样的境遇下，他却靠着自己坚定的信念、持久的努力、满腔的激情打造了今天的阿里巴巴！

马云不仅是一位伟大的企业家，还是一位出色的演说家。他曾创下6分钟“说”来孙正义2000万美元投资的纪录；他凭胸怀天下的大格局让“十八罗汉”与自己冒险创业，心甘情愿不离左右……而这些都与马云非凡的口才有着巨大的关系！毋庸置疑，马云具有超强的沟通力。也正是因为马云拥有超强的沟通力，所以，他的思想才能广泛传播于天下。

马云，他总是走到哪里讲到哪里，讲到哪里就有人听到哪里。少年时西湖畔结交外国友人，敢于开口、乐于沟通；20世纪90年代在杭州街头的大排档里大胆演说。尽管有很多人认为他是骗子，但是他精彩绝伦的演讲还是吸引了很多人驻足，并且对他的演讲听得兴致勃勃、津津有味……

马云语言的魅力，不仅让他在事业上获得了极大成功，也让他收获了别人的信任和尊重。无论是私下的自嘲还是公开演讲，无论是阿里内部讲话抑或公众场合的采访、座谈，马云总能应对自如，妙语连珠。

马云思维敏捷，能言善辩。与马云接触过的人都会有这样一种发自内心的感慨：只要他一开口，所有的语言都变得明媚而惊艳，而且有了直抵人心的巨大魔力。马云的言辞，精练中带着犀利，幽默中又不乏哲理。无论何时，他总能以恰如其分的语气和肢体动作将生硬的语言变得立体风趣，并给人以深刻的思考和启迪。

除了用汉语演讲可以获得如此高的好评之外，马云的英语演讲也是相当出众的，他不仅可以完全脱稿，潇洒地驰骋于国内各个演讲舞台上，而且还可以在欧美各大电视节目以及直播论坛上进行各种妙趣横生的英文演讲。其英文演讲与中文演讲一样，也能引得称赞。

马云早先在杭州电子工业学院做过老师，当时就有好多学生为了听马云的课而翘掉其他老师的课。很多没有听过马云讲话的人不由得发出了疑问：为什么马云的讲话能吸引听众，让人充满激情，拥有力量？毫无疑问，答案在他的沟通技巧上。

马云的讲话激情澎湃，直抵灵魂，让许多青年创业者在灰暗的日子里重新点燃希望之灯。他善于将自己的颠覆式思维运用到讲话中，全新的观点瞬间点燃听众的激情；他幽默风趣，妙语连珠，奇特的表达力顷刻引发听众的兴趣；他怀拥真心，在需要指正的时候坦率真诚，一针见血，最大限度地拉近了自己和听众的距离。马云将自己的真性情融入讲话中，没有刻意引经据典，但信手拈来的讲话材料却给了听众尽可能多的真实感，让人信服之余得以受用。

马云的成功与他的好口才密不可分。那么，我们也可以通过学习马云的沟通技巧来提高自己的沟通能力。比如运用风趣幽默的语言、灵活多变的肢体动作、增加互动等引起听者的注意力以达到沟通的目的。

本书通过列举马云在创业之路、公司发展、员工管理、公众互动、公开演讲、媒体访问等不同时期和不同场合的经典沟通案例及著名的言论，并对其进行深入肌理的透彻分析，详细而全面地解读了马云在与员工、听众、朋友、媒体记者等不同身份人进行沟通时所展现出的语言技巧和沟通经验，让读者轻松掌握说话艺术、沟通之道。

此外，本书还讲到了一些有效处理沟通过程中产生的矛盾、问题的妙招，让读者能轻松学习应对沟通过程中出现的各类难题。

Chapter 01

语言犀利，直抵人心

——为什么马云的形象是我们心里那副模样

话语有力，掷地有声

马云个子不高，但说话铿锵有力、掷地有声，一张口就能震惊四座——

“很多人比我们聪明，很多人比我们努力，为什么我们成功了？难道是我们拥有了财富，而别人没有？当然不是。一个重要的原因是我们坚持下来了。”

“创业者没有退路，最大的失败就是放弃。”

“今天很残酷，明天更残酷，后天很美好，但绝大部分人死在明天晚上，看不到后天的太阳。”

……

马云说的这些话很简短，却很有力量。而他说的这些话每一句都好似名言警语，给人以警醒和启发。在这些话语中，马云运用修辞手法，增强了话语的气势。所以，在日常的沟通中，我们可以尝试着在话语中用一些修辞手法，如比喻、排比、反问等。因为，反问句式比陈述句式的语气强势，有力量；排比句式能增强话语的冲击力，令人震撼；而反问句式可以起到强调的效果，给人以坚定、不容置疑的感觉。

马云说："我一直认为人一辈子都在创业。以前深圳有一个口号叫'二次创业'，我不太同意这个。同一批领导是没有办法二次创业的，因为从创业那一天起你就一直在创业。"

听完这些话，我们是不是能感觉到一股强大的力量从身体中被激发出来了呢？马云的这几段话给人一种坚定有力、不容置疑的感觉，这就是因为他运用了坚定的口气去说，而不是用绵软无力的口气去说。他表达的不仅是一种观点，更是一种态度和立场。有了这个态度和立场，听者自然就将他高看一眼，觉得他所表达的观点是合理的、正确的，并且愿意听从他说的。

马云之所以说话有力度，主要是因为他信念坚定，意志坚强，他靠自己的努力，打拼出了如今实力庞大的阿里巴巴。他具有非凡的头脑和胆识，不管成功与失败，都有着坚定的力量。这种力量贯穿在他做事的整个过程中，也贯穿在他说话的过程中。

马云的话语总是给人以震撼和冲击，他的意志和勇气从他的话语中涌入我们的耳朵和脑海。一般情况来说，说话有力、底气十足的人都是非常自信的人，同时，他们带给别人的也是十足的信心。我们通过总结可以发现，马云在讲话中用得比较多的词语有：相信、坚信、肯定、最……这些词语都表达了坚定和绝对的意思，显示了他说的话就像真理一样不容置疑。

生活中，有些人说话很有力量，声如洪钟，因此，他们就能给人一种拥有强大气势的感觉；而有些人声音细小，吞吞吐吐，而这些人也就给人一种懦弱无能之感，无法从气势上令人折服。很多人往往只注重说话的内容，却忽视说话的语气。这是错误的做法。

很多人觉得跟别人说话应该用商量的口气，这样显得更有礼貌，但如果总用这种口气与人说话，就会让他人觉得此人太好说话了。作为管理者，就难以有人听从他的指挥。因为人们一般不会害怕一个太好说话的人。

因此，我们想要从言语上给人以强烈的冲击力，就要增大音量，并用坚定的口气说话。这样，别人才会认同我们所讲的内容，同时还能给人一种不容置疑的感觉。所谓语气坚定并不是生硬的表达，生硬的口气令人厌烦，无法实现良好的沟通。良好的沟通不仅需要在话语上的造势，更需要一个人内心的强大。这种强大的内心力量就是自信。

人不可以自负，但一定要有自信。而培养自信、表达自信的最好方式，就是用坚定的语气来述说自己的想法。而这样的人才能得到更多人的认可。

那么，我们要做到说话有力、掷地有声就应该从以下几点做起：

1. 字正腔圆。把每一句话，每一个字的发音都说得标准，不带口音，才能显得非常有力道；

2. 短句造势。短句给人简练有力之感，冗长的句子不仅难以让人听懂，更会失去强大之势，因此，在平时讲话的时候，我们尽量说短句；

3. 放慢速度。说话语速过快容易让听者不知所云，如果想要让自己的意思清晰地传达给听者，就要放慢速度，或者快慢结合。

运用强势口吻，增强震慑力

在一次“浙商”论坛上，马云挥舞着手臂，话语有力、目光坚定地看着台下的观众说：“请大家记住，未来的20年到30年，中国必须以消费拉动，而消费拉动中一定是企业家、一定是市场拉动，这是我们所有人的机会。”

在这几句话中，马云用了“必须”“一定”“所有”等绝对化的词语，这种强势性的口吻不是命令，却远比命令更能深入人心，让人自动自发地去接受甚至去执行他的“命令”。

很多时候，我们对于一些柔和、没有力度的话，总是产生不了震撼，甚至可以说无法真正重视它，那是因为这些话绵软无力，无法让人信服。而一些强势、霸道的话，则往往能让人情不自禁地去接受，去执行。马云就是利用了人们的这一心理，在演讲中经常以强势口吻灌输自己的理念，并“鼓动”人们去接受这种理念，甚至去认同，去执行。

“我们很多人讲炒股，记住，天下没有人靠炒股发财的。”马云皱着眉，摆了一下手，接着说，“没有人！”马云说这句话的时候，语气坚定有力，不容置疑，仿佛说的就是真理。强势的口吻可以营造强大的气场，在演讲中起到震慑人心的效果。下面，我们再来看看马云说过的“强势”话语还有哪些：

“复杂的事情简单做，你就是专家；简单的事情重复做，你就是行家；重复的事情用心做，你就是赢家。”

“免费是世界上最昂贵的东西。所以尽量不要免费。等你有了钱以后再考虑免费。”

这两段话字数不多，且非常简练，也没有使用强势的字词和语气，可是，我们还是从中感觉到了一股坚定的、不容置疑的力量。在这两句话中，马云运用了排比的句式，首先从气势上给人强大有力的感觉；其次，他使用的是第二人称“你”，而不是“我”。“你”给人的感觉就像是马云在说，听者在听，这样就容易让人觉得马云是在跟听者说话，可以给听者一种毋庸置疑的感觉，霸道中透露着坚定。

不管是在日常生活中，还是在职场中，很多事情都需要较量和博弈，此时的博弈就是比比谁更有威慑力。拿破仑说过一句话：“世界上只有两大力量，剑和心。从长远来看，剑总是被心所击败。”强势的口吻就好比是“心”，而其他一切强硬或强大的事物都是“剑”。很多人怕剑，但心若强大，剑就不足为患。

在职场上，“强势”口吻常常被很多领导者运用，从而达到震慑人心，领导下属的效果。特别是在为员工讲解某些要恪守的原则问题时，领导者言语中透露出的“强势”往往能使其语言变得有威慑性，让员工不得不绝对服从。

有时候，我们表面上听到的或许只是普通的几句话，但是彰显出来的却是自信、强势和不容置疑。马云说的话有时会给人一种温柔谦虚的感觉，但是，从他所表达的谦虚中我们仍旧可以看出几分暗藏不露的“狠”劲。下面，我们来看一下马云与记者之间的一段关于早年的电商行业领头羊 eBay 的对话：

记者：前几天你曾说一个月后要反攻易趣，能详细解释一下吗?

马云：前 18 个月，易趣打算彻底消灭淘宝，可没成功，该轮到我们反击了。商战中有些基本的弱点一定要解决，可我发现易趣并没解决，淘宝会再给它一个月的时间。

记者：淘宝明年是要大规模打广告吗?

马云：肯定要。但我觉得，商战如果只是拼钱，岂不是一点技术含量都没有？淘宝明年会用一些“古怪”的招数。但明年做事不会那么“血腥”，商战是一门艺术，只有“艺术”了才能开心。我们的主业不是为了战斗，而是要做中国最好的 C2C（customer to customer，点对点 / 小商家对消费者模式）企业，竞争只是开胃小菜。

记者：听你的口气，淘宝已铁定成为中国 C2C 市场老大了?

马云：衡量C2C公司业绩的5大指标，我们有4个地方超过了eBay，只有用户数量没超过，可他们成立6年了，而淘宝刚诞生1年。

记者：感觉你似乎太轻视易趣的实力了？

马云：淘宝的对手不是易趣，而我从来不敢轻视易趣，甚至为今年能有易趣这样的对手感到过瘾。论实力，易趣就仿佛是“装甲车”，淘宝只能算“三轮车”，但易趣今年在中国下的“臭棋”太多。我相信，易趣仍是一个“九段高手”，下“臭棋”是因为起先没把淘宝当“成年人”对待。千万别跟风险投资讲“理想”。

……

提到竞争对手eBay，马云的话语中虽然平淡，但却透露着一股强势。他说的每一句话都有着王者的口吻，听起来似乎让人感觉有点自高自大，甚至是狂妄。正是因为这话语中的狂妄才充分表现了他强大的自信心。同时，也让人们完全有理由相信，淘宝肯定能战胜eBay。

从大众的心理来说，说话口吻强势的人往往会令人感到不舒服，这样的人给人一种唯我独尊、难以亲近之感。但是，在一些特殊的场合，比如领导者对下属的训话或是一些严肃威严的场合，强势的口吻却可以加深自己的威慑气势，给人一种强大的震撼力。

那么，要说出强势的话，就需要有强大的内心。强大的内心应该包括自信、胆识等等。一个自卑感强烈的人是无法拥有战胜一切的信心的。如果想要有强大的内心就需要自己去肯定自己、赞美自己，坚信自己是最棒的。

穆罕默德·阿里曾是世界重量级拳王，他有一个习惯，就是在每次比赛前都要为自己写一首赞美诗，宣誓一定要击倒对方，然后再上场。为此有人给他冠以“吹牛大王”的称号，其实这正是阿里特有的心理战术。其实，在比赛场上，选手如果能适当地用话语展现自己的“强势”，不但能为自己争取到主动权，而且还能从心理上给对手一定的震慑。

有句话说得好——软的怕硬的，硬的怕横的，横的怕不要命的。这句话就是说要用气势压倒对方。“狭路相逢勇者胜”——在博弈过程中，即使自己没有多少胜算，也要先用气势压倒对方。适时运用气势这种力量，往往可以达到意想不到的效果。

朴实无华的话语，分量十足

朱自清在《背影》一文中，描写了父子离别的场面，感人至深。文中，朱自清的父亲这样说："'我走了，到那边来信。''进去吧，里头没人。'"没有任何华丽的辞藻，也没有任何多余的修饰，但是当我们看到这些文字的时候，还是会动容，甚至会潸然泪下。因为这些看似朴实的话语里，饱含着人间最质朴、最珍贵的感情。

英国现代作家、诺贝尔文学奖获得者威廉·戈尔丁在其长篇小说《蝇王》中说道："最伟大的见解是最朴实的。"有时候，朴实的话反而更有分量。无论在演讲中还是在平时的与人沟通中，马云从来不喜欢用华丽的辞藻或专业词汇表达观点。相反，他更喜欢使用口语化和生活化的语言进行表达。他说的话因为真诚、朴实，更能让人接受。而这也是很多年轻的创业者和在校大学生喜欢他的原因之一。

“20 世纪 70 年代末我在杭州学英文，在西湖边上，老外说你们广播操很好，我就教他们广播操。教完之后我回过头来看看，他们也回过头看一下，我一笑，他们也一笑，我弯了一个腰，他们也弯了一个腰。第二天表演，所有人做这个动作的时候，所有人都转回头，笑了一笑，弯了腰。这是个习惯。当时做这个动作时傻傻的，于是越来越傻，越搞越大。”

这样口语化、生活化的语言，让马云的讲话听起来朴实自然又深入人心。有时候，马云会接触到高管政要，但马云的讲话内容却没有任何的晦涩难懂的专业词语，给人的仍是一种朴实和真诚的感觉。

白手起家的马云曾这样说：“我没有富爸爸，只有顾客的支持。”简简单单的一句话，传递出马云对众多创业者的劝慰和支持：马云同你们一样，没有背景，没有实力，没有钱，是个再平凡不过的人。但是我马云通过自己的努力，创造了奇迹，实现自己的梦想。我马云可以，你们也可以。

马云除了说话朴实，还擅长引用一些别人所说的朴实的话，比如，电影《阿甘正传》中“生活就像一盒巧克力，你永远不会知道会得到什么”，这句话也被马云引用过来借以鼓励年轻的创业者：一直保持对梦想的激情和对未来的好奇心，永远不停下追逐的脚步，不放弃，就总会有收获，这种收获就是成功。

与马云接触过的人都非常欣赏他，而他们看重的就是马云身上由内而外散发的自信以及他自然而然地流露出的朴实和真诚。马云在讲道理的时候，通常是讲自己接触过的大人物的小故事，而不是讲大人物的传奇经历。在谈及阿里巴巴的相关问题时，马云也完全杜绝一般领导的照本宣科。

下面是2007年马云接受《华夏时报》采访时，与记者的对话：

记者：说到客户赚钱，阿里巴巴是怎么帮助客户赚钱的呢？

马云：有人说互联网像淘金，我们阿里巴巴就是帮助别人发现金子的。互联网是宝库，但要先找到“password”，对商人来说最难的是“password”找不到。互联网上的财富已经够多了，问题在于你怎么去挖呢？这个问题对商人来说太难了。

……

马云把在互联网上的人所做的事形容为“淘金”，将阿里巴巴比喻为“金子的发现者”，如此形象生动的比喻，让记者和听众瞬间就能理解阿里巴巴的运营模式和工作重点，比生硬地讲述阿里巴巴是干什么的、怎样干，要形象生动得多，效果也要好很多。同时，马云以“淘金”和“淘金人”做比喻，彰显了阿里巴巴作为客户与财富二者之间的桥梁作用，间接地强调了阿里巴巴对于客户的重要意义，足以见其逻辑思维的强大以及对语言运用的独到。

因为“头大脸凹下巴小，两眼有神嘴巴大”的外貌特征，很多人管马云叫“外星人”，他非但不生气，反而拿自己的“丑”娱乐大家。但是，千万不要被马云这种表面看去乐活疯癫、没心没肺的假象所欺骗，马云的骨子里却有着深刻的洞察力和说话掷地有声的威仪感。一句普通的不能再普通的话，只要经过他的嘴，就能变成针尖，变成利刃，直指要害。

比如，他曾说过，“阿里巴巴不是计划出来的，而是‘现在、立刻、马上’干出来的。蒙牛不是策划出来的，而是踏踏实实的产品、服务和体系做出来的”。

在和孙正义探讨“一流的点子加上三流的执行力，与三流的点子加上一流的执行力，哪一个更重要”的问题时，马云这样说：“我认为阿里巴巴本身就是一支执行力强而非想法多的队伍，阿里巴巴肩负的使命需要这种超高的执行力。对于创业者而言，这种执行力也不可或缺。”

将专业的语言转化为形象化的数字，让听众在感知数字的基础上更深刻地理解所讲内容，是马云话语朴实的又一个特征。比如，在谈到行业的未来前景时，马云没有用咨询报告式的语言进行阐述，而是讲了这样一段话：“2000 年信息产业部做了一份报告，请了六个咨询师，大家预测 2005 年中国手机用户能达到多少，其中最大胆的一个报告预测的是 6000 万台手机，信息产业部把这个报告扔到垃圾桶，怎么会有 6000 万？但 2007 年的数据是 3.6 亿台手机。”

马云就像讲故事一样把手机的未来发展形势清晰明了地展现给了听众，比专业化的阐述更容易使听众理解。同时，听众也会从内心当中产生一种巨大的震撼：预测有时候是不准的，而互联网行业的前景也是非常光明的！

语言是一门艺术，如何将朴实的话说得有分量，这是一门很深的学问。也只有有阅历、内心丰富的人，才能讲出朴实动人、耐人寻味的故事和道理来。如果你也想让自己的话语更加朴实且有力量，那么就尽量少用可能、大概、也许等词汇来表达自己的思想，而是尽可能地简化自己的语言，留给别人思考的余地，将自己的宽容、率真、诚信等优点通过朴实的话语传递给他人，让他人感觉到你的真诚和善良，这样别人才会觉得你靠谱，而你的讲话才能让更多的人信服。

节奏紧凑，引人入胜

你有没有发现这样一个问题——说话没有节奏、语调夸张的人不容易说服对方。相反，那些说话节奏紧凑、沉稳有力且懂得适时停顿的人说出的话，更容易让对方信服。为什么会这样呢？这是因为他们掌握了说话的节奏。

简单的一句话，说话人运用不同的节奏，就能给人带来不同的感觉。但凡口才出众的人，大多都是说话有节奏的人，他们如同一个出色的钢琴家，将凝练精辟的语言以优美的节奏表达出来，给人以心灵的警醒和智慧的启迪。

“语不惊人死不休”的“口才帝”马云，是个典型的说话节奏紧凑的人。无论是内部讲话还是外部演讲，马云都能运用犀利的语言，结合适宜的节奏，将自己所要讲的内容传达给听众。

在解释 CEO 的概念时，马云曾说：“看见 10 只兔子，你到底抓哪一只？有些人一会儿抓这只兔子，一会儿抓那只兔子，最后可能一只也抓不住。CEO 的主要任务不是寻找机会而是对机会说“No”。机会太多，只能抓一个。我只能抓一只兔子，抓多了，什么都会丢掉。”

不难发现，马云讲得这段话简洁明快、节奏紧凑，既没有拖泥带水的冗长，也没有迂腐书生的呆板。尤其是在解释 CEO 的概念时，马云没有使用专业化的术语，而是将其形象化了，既阐明了 CEO 的主要职责，又强调了 CEO 在执行具体工作过程中容易犯的错误，不仅避免了“孔乙己式”的拖沓冗长，使听众产生厌烦的心理，又很好地吸引了听众的注意力，做到了真正的节奏紧凑，引人入胜。

有位著名的意大利音乐家，上了舞台之后，他没有直接开口唱歌，而是开始念数字。从 1 到 100，他的语调起伏不定，时快时慢，声音也时高时低，表情非常专注。当他念了一会儿后，一部分观众喜上眉梢转而又平静地微笑；一部分观众则表情严肃转而又泪水肆意。没想到，当音乐家念到最后几个数字时，观众竟纷纷起立为之鼓掌，音乐家也流下了激动的眼泪。

对简单的数字进行有节奏地演绎，就能引发观众的不同情绪。由此可见，节奏的不同，呈现出的结果就会千差万别。就像河流里的水，流速时快时慢，给人的感觉也全然不同。要做到节奏紧凑，就要明白对方想要什么，然后有针对性地对其讲话。

“我把自己称作一个盲人骑在一个瞎的老虎上面，所以根本不明白将来会怎么样，但是我坚信，我相信互联网将会对人类社会有很大的贡献。

1995年的时候，几乎没有人相信互联网，也不觉得互联网能够对人类有多大的贡献，所以我用了比尔·盖茨的名字，我说：‘比尔·盖茨说互联网将改变人类的方方面面。’结果很多媒体就把这个事登了出来，但是这句话其实是我说的，1995年比尔·盖茨还反对互联网。”

在谈到创业的艰难时，马云没有直接列举艰难之处在哪里，而是通过自己在创业之初的一些做法，传递给创业者一个信息：创业过程中会遇到千难万险，但也会找到合适的解决办法。当你犹豫不决，不知道自己走的路是对还是错的时候，就选择忠于自己的内心。只要坚持下去，成功就会在某一天到来。

对于平时的沟通，我们尽量多说对方想听到的、对沟通有利的话，语句尽量简短。这样，讲话才能有明快的节奏，才能更加吸引人。试想，两个人讲同样一个故事，一个讲话节奏鲜明，张弛有度；一个沉闷无聊，略显拖沓，那么，你愿意听哪个人讲呢？肯定是前者了。

林肯是一位非常棒的演讲大师，每次演讲前，他都会熟读稿子，并在重要部分做标记。一旦演讲中遇到需要强调的词语，他就会特意拖长声音，加重语气。遇到无关紧要的、不需要强调的地方，他又会说得很轻，并快速讲完。在葛底斯堡的讲话中，林肯只用两分钟便讲完了一篇二百多字的演讲稿，而他的竞争对手爱德华·伊韦瑞特却讲了两个小时。但是，那又怎样呢？最终还是林肯获得了胜利。

沟通和演讲一样，并不是说话多就能说得好，而是要论质量，这个质量就包含着极大的技巧性。而这个技巧，大家不妨从以下几个方面做起：

1. 控制语速。无论演讲还是谈话，语速的控制都必不可少。如果说得太快，别人会听不清楚，如果说得太慢，又让人觉得拖泥带水。所以，准确把握说话的速度，该快时就快，该慢时就慢，既要听众听得明白，又能听出重点。

2. 变换语调。演讲者根据自己对演讲内容的理解和认识，从整体上带动听众情感的起伏。这相当于为听众搭建起了独有的舞台，让他们随着演讲者不停变换的语调，切换不同的情绪。

3. 语言简洁。简洁的语言是吸引听众的关键。但语言简洁并不意味着空话连篇。相反，简洁的语言要包含巨大的信息量。演讲者或者说话人要尽量让复杂的语言简洁化，让生硬的语言形象化，只有这样才能更好地吸引听众。

4. 故事性强。如果只用大白话或假大空的话来对听众进行说教，相信绝大多数人都会选择自动屏蔽。但是如果能在演讲中加入故事或自己的亲身经历，使演讲或者谈话的内容更加饱满，感情更加充沛，那样听众就会跟着你的思路走，慢慢进入到你所营造的情境中。

以梦想为导向，挖掘人们内心的渴望

央视《对话》节目，曾专门做了一起关于马云的访谈，名为《狂人马云》。访谈过后，很多人都说马云很狂，最后他们甚至得出了一个结论：创业就要狂妄一点。对此，马云并不认同，他说："我并不觉得我们狂妄，只是我们要做的事情绝大多数人还不能接受而已。"

其实，说马云狂妄的人不止一个。但是有一点不得不承认，马云的"狂"来自他本身富有的才情，来自他独一无二的能力。作为演讲高手，马云用他天马行空、与众不同的"狂妄""狂热"，将观众内心深处的渴望挖掘出来。他不是狂，不过是敢说，说得透彻，说出来了很多人的心声罢了。

无论何时何地，思想独特、激情满怀的马云都能通过自己的语言赢得观众发自内心的掌声。为什么会如此呢？一方面源自他极为高超的讲话技巧，另一方面与他能恰到好处地挖掘他人内心的渴望有莫大关系。

相同的一句话，有些人说出来只会给人一种平淡无奇的感觉，但马云说出来就变成了人人称颂的经典。比如：普通的人用嘴巴讲话，聪明的人用脑袋讲话，智慧的人用心讲话；实力就是抗击打能力；胸怀这个字眼里面装着的就是使命感……简单的字眼到了马云的嘴里，就好似脱胎换骨了一样，变得形象生动、意趣盎然。

对于马云的演讲，很多年轻的创业者总是不愿错过，甚至在听的时候也生怕漏掉了一个字。对他们而言，只有马云才能将他们长眠于庸碌生活中的渴望和梦想激发出来。

2010 年 9 月，马云在阿里巴巴内部做了名为《为理想而生存》的演讲，他对仍然奋斗在创业之路上的创业者们这样说：“我想说今天是创业最好的时候。一切梦想的成功都一定和汗水与眼泪有关，和坚持、诚信与努力有关！做商业就不该害怕竞争，害怕竞争就不该做商业。我们害怕的是不透明的竞争、不诚信的竞争、不公平的竞争！怨天尤人的人永远会输给拥抱变化、改变自己的人！”

对于年轻的创业者而言，他们刚刚走上创业之路，内心存在迷茫、否定和怀疑是必然的。这时他们的内心极度脆弱，特别需要来自业内成功人士给予肯定和鼓励。而马云在创业之路上也经历过这样一个阶段，因而他更了解创业者的渴望和需求，说的话也更具有针对性。

除此之外，马云说这段话还有这样一层用意：所有的成功都需要汗水和眼泪浇灌。既然决定创业，就要明白，从创业的开始到最后，每一步都是艰辛万分的，既然决定了就不要后悔。马云能坚持下来，你们也能坚持下来。马云能成功，你们也能。这就在无形中将潜藏在创业者心中的对梦想、对成功的渴望极大地激发了出来，使每个创业者都能感受到温暖和力量。

对于每个兢兢业业、无私奉献的阿里人，马云这样说："我想说的是，我们坚持了 11 年的理想很不容易，但我们还要再坚持 91 年。我们从第一天起就坚持，赚钱不是我们的目的，而仅仅是我们的结果。我们这家由 80 后、90 后组成的公司，必须有别于昨天的企业。我们感恩自己的公司诞生于这个社会，我们会因为今天的社会环境而成长，我们更应为这个商业社会的完善而存在，这也是我们每天工作的意义所在。阿里人，我们自己的未来一定是由我们积极乐观的态度和努力决定的！"

对待阿里内部员工，马云则更多地用梦想做引导，激励他们在自己的岗位上艰苦奋斗、彰显价值。就像马云一直强调的"激情"和"梦想"一样，他觉得作为阿里员工，保持其自身特色和优势是公司不断发展、员工不断成长的保障。找到每天工作的意义，就能努力工作；拥有和公司发展一致的梦想，就能不断发掘内心的渴望，从而为实现这种渴望坚持不懈。

马云一开口，就轻轻松松地抓住了阿里人的心理：今天的成绩是历经千辛万苦得来的，是我们用汗水和努力换来的。如果我们能像创业第一天坚持梦想那样，用乐观积极的态度一直坚持，一直努力，我们的未来定会充满光明。他告诫每个阿里人，耐得住寂寞，才能享得了繁华。

在马云的讲话中，我们时常能够看到一些具有"光环"色彩的词语，比如：梦想、责任、价值观、团队、使命感、时代等词语，它们出现在马云讲话中的频率特别高。这样的词语本身就带有丰富的内涵和深刻的意义，它们可以放在不同的语境、情境中被不同的人按照自己的需求理解成不同的意思，所以它在本质上更能激起人们潜藏于心的渴望。马云用这样的词语来激发潜藏在每个人，尤其是年轻人心中的使命感、责任感和梦想是非常高明的做法。

“我们一起做什么”而不是“我领导你们做什么”。在马云的讲话中，他总是用“我们”而不用“我”，这很容易让人产生一种感觉，“我是和马云在一起做事，我们一起在创造历史。”所以，越来越多的人被马云的口才所“俘虏”。

用心沟通，引发情感共鸣

在“第三届浙商大会”上，马云说：“以前，我是当老师的，一直觉得知识分子很了不起，当老师有知识，当科学家也很了不起，当商人总觉得被人看不起，但是现在呢？”他特地顿了一下，表情严肃、语气坚定地说，“我深以为傲！”

马云说话的技巧真是高明，他上来就把自己作为一个商人的自豪之情讲了出来，这就拉近了他与听众的距离，让听众觉得马云对他们是肯定的、认可的。毕竟浙商大会上，商人还是占大多数的。

接着他又说：“商人不是学校能够培养出来的，也不是国家政府能够训练出来的。商人纯粹是靠自己对市场的把握、独特的眼光、拼搏的能力打出来的。商人在中国，乃至全世界，都是一种稀缺资源，我个人坚持认为，商人就是社会经济发展中的科学家和艺术家。我希望大家要尊重社会上的这个稀缺资源，那就是我们这个社会上的企业家。”

当时在座的都是国内知名的企业家，马云这样一番话既引发了大家的情感共鸣，又获得了大家的好感，可谓一举两得。从一开始所讲的“商人以前被人看不起”到自己“深以为傲”，再到提倡“尊重商人”，马云用真实的情感和高度的赞美之词一步步地引发了听众内心深处的情感——创业过程中的酸甜苦辣，不被理解，不被重视，艰难坎坷等等。同时，这些话还激发了他们作为一个商人的自豪之情。

如人饮水，冷暖自知。每一个商人都经历过坎坷和磨难，当他们曾经的心酸和痛苦被马云如此肯定、认同的时候，他们肯定也从心底已经认同了这个懂自己心酸的男人——马云。

在西方儿童教育学中有这样一个理论：当孩子的内心渴望强烈的情感认同时，他们往往听不进任何人的话。此时，任何指责、批评和说教都只能令孩子产生巨大的怨恨。但是，如果孩子们认为你理解了他们的情感，他们就会回报你以热烈的掌声，并认同你的观点，甚至不计较你说的内容是否正确。

人与人之间的沟通也是如此，特别是在激励人心的作用上，感性的话往往能触动人们内心深处的情感，让人产生共鸣。在这一点上，马云做得非常到位。他在讲话时总是巧妙地先建立情感共鸣，因为他知道这样人们才能听得进他的话。

马云是个感性的人，他的话语中透露着作为一个“人”的丰富的、真实的情感。他的讲话总是带着强烈的感情色彩，不像很多发言人那样机械地站在台上逐字逐句地照本宣科，也不是理性严肃、一本正经地去阐述观念，而是用带有情感的语言来打动人心。

高明的演讲大师都懂得，想要在演讲活动中给听众以激情和力量，有效地唤起听众的情感共鸣，就要学会用感情去感染听众，打动听众，把听众带入一个既饱含情感又充满理性的崇高精神境界之中，使之受到潜移默化的教育和鼓舞，如此方能取得演讲的最佳效果。

很多沟通高手都擅长用情感来引发人们内心深处的共鸣。王健林也曾对外界披露过自己早年的坎坷经历，他曾为贷一笔款而多次登门拜访银行高层，但屡屡被拒绝。王健林曾说：“那份耻辱感至今无法忘怀！”王健林如今早已功成名就，但对当初创业时期的艰难经历仍难以释怀。在创业路上，哪个人没有一本血泪史？可想而知，当创业者听了王健林的叙述后，他们的内心会激起怎样的涟漪，又会引发一场怎样的情感风暴呢？

多说正能量的话

“蚂蚁走得好，大象也搞不死他。”

“即使跪着，我也得最后倒下！”

“别人可以拷贝我的模式，不能拷贝我的苦难，不能拷贝我不断往前的激情。”

比起一般企业家以书本式说教传递正能量的方法，马云仅靠一张嘴，就能让你激情万丈，充满力量，更能让你在最灰暗的时候有一万个理由相信：即使今天跌倒了，明天仍然可以跑起来。

正能量的语言能够激发人们的无限激情。1999 年，对整个互联网行业而言，是具有转折性意义的一年。而对马云来说，也是他创业历程中具有里程碑意义的一年：阿里巴巴以 50 万元资金正式起步。50 万元，对于搜狐、新浪这样的大型门户网站而言，实在是不值一提。但对于马云当时的团队而言，却是一笔巨款，更是18个人东拼西凑借来的“救命钱”。

用50万元创业，这几乎是不能做到的事情，可是马云却信心满满，甚至豪情宣言：“我们要建成世界上最大的电子商务公司，要进入全球网站排名前十位！”创业之后，由于资金紧张，有好几次，阿里巴巴几乎面临关门大吉的命运。但在最艰难的日子，大家依旧能听到马云的豪言壮语：“开始创业的时候都没有钱，正是因为没有钱，我们才要去创业！”

2007年11月6日，阿里巴巴在香港联交所上市，这个曾经穷到两块钱都想省的创业团队，收获了旁人无法企及的荣耀。

“我坚信，咱们每一个人都能成为Google，只要咱们坚持梦想。”

“如果你这天不发奋工作，你永远也看不到阳光。让咱们抓住机会，立即行动，不为昨日哭泣，向前看明天。”

“有没有失败，关键看你是否放下。如果你放下了，你就彻底失败了。”

“所有的企业只要你想活，你一定能活下去，连‘猪坚强’都能活，你为什么不可以？”

经历过创业时期的艰难，也经历过辉煌时期的荣耀。在最艰难的、饱受质疑的日子里，马云传递给大家的还是满满的正能量。无论寒冬何时到来，马云都能最先嗅出危机的气息，并在其他企业家都惊慌失措的时候，找到合适的方法自救。

马云不害怕任何人的嘲笑，同时，他更是一个善于自嘲的人，他甚至拿他的不光彩历史给大家打气：“我考了两三次重点中学也没有考上，考大学考了三年，找工作八九次也没一个单位录取我。从各方面来看，我不是一个有才华的人，无论长相、潜质、读书都不见得是这个社会上最好的，但是为什么我有运气走到今天？我这几年所做的工作就是透过价值观、使命感，把公司年轻人优秀、善良的一面放大起来。”

在马云的人生字典里，没有悲观和抱怨两个字。尽管自己也曾被否定过，遇到过挫折，但他依然相信梦想的力量。

2008 年，世界性金融危机爆发，公司大量裁员，许多公司甚至面临倒闭的风险，这引发了大批公司领导、高管和员工的“恐慌潮”。在这个节骨眼上，马云于 2008 年 11 月 11 日，在集团内部会议上给员工们做了如下演讲：

我相信在座所有阿里人都非常关注今天的金融形势和经济形势，我也相信很多人都在关注我们的股票。为什么我们不回购股票？为什么在这样的经济形势下，阿里巴巴还在不断做投资，我们到底想干什么？世界经济形势到底什么时候会恶化？金融局面什么时候会恶化？今天我想跟大家做一个分享。

首先我想告诉大家，世界金融危机最黑暗的时候我认为已经过去了。最最黑暗的时候在今年二月份形成了，六七月份在奥运会之前是最黑暗的时刻，就像狂风暴雨一样，在大风暴来临之前天是最黑暗的，但是风暴一旦过去，天就渐渐地变亮。

……

对于一个鏖战商海的企业家而言，面临危机能够无所畏惧、从容淡定，这不足为奇，但对于普通员工而言，公司是他们养家糊口的物质基础，公司一旦发生问题，他们的生计就会直接受到影响。这时，他们就特别需要一个运筹帷幄、统筹大局的领导站出来稳定军心、鼓舞士气。而马云正好就是这样一个领导者。

在经济危机如山洪海啸般给大家带来极度的恐慌的时候，马云没有选择劝说，而是通过自己对经济形势的客观分析，让大家了解到实际的经济状况，进而用形象的比喻告诉员工："危机即将过去，大家要充满信心。"尤其是那句"天就渐渐地变亮"，至今仍是许多人在遭遇挫折时首先想到的最暖心话语。

在谈及辞任阿里巴巴 CEO 时，马云说了这样一番话："你爱自己的孩子，就要让他独立起来。爱自己的公司，就让比你更懂这家公司的人去驾驭。今天我对这家公司还是正能量，但我总在变老，我不想明天变成负能量。"马云的话简单朴实，但却能让人在内心深处涌起一股战斗的勇气和力量。

在追梦路上，试着像马云一样给自己满满的正能量吧！用微笑的面孔和阳光的心态积极寻找生命的美好和意义，将自己的正能量传递给他人——不惧黑暗，不惧风暴。

Chapter 02

烘托气氛，掌控全局

——马老师也是演讲大师

增强自信，营造强大气场

在演讲台上，马云的身躯并不伟岸，他的衣着也很普通，但他却常常“语出惊人”，用演讲打动在场的每一位听众，让他们感受到一个中国企业家的情怀，感受到他不同凡响的理念和信念。马云一上台，台下就会响起一片掌声，他似乎天生就带有强大的气场，可以感染身边的每一个人。

气场不是一朝一夕就能拥有的，而是靠多年的努力奋斗，拼搏得来的。马云创造了中国的电商帝国，而他自己也成了名副其实的“创业巨人”。他的身上散发着自信的光芒，不管是与商业大佬在一起娱乐，还是与企业巨头在一起洽谈公事，即使是美国总统奥巴马到来，他都能从容不迫地与其交谈。

马云曾这样说：“奋斗的动力是什么？不是财富。我是商业公司，对钱很喜欢，但我用不了，我不攒钱，我没有多少钱。从大的方面说，我真的就想做一家大的世界级公司，我看到中国没有一家企业进入世界500强，于是我就想做一家。

“如果我早生10年，或是晚生10年，那么我都不会有做互联网的这个机会，是时代给了我这个机会。在制造业时代，在电子工业时代，中国或多或少都错过了一些机会，而信息时代中国人有机会，我们刚巧碰到这个机会，我一定要做，不管别人如何说，我都要做下去。我觉得中国可以有进入500强的企业，我们学得快，在这个过程中，勇者胜，智者胜。

“从小的方面说，既然出来了，那么就得做下去。89元的工资我也拿过，再过10年，可能我连平均生活水平都达不到。我不喜欢玩儿，有人为了权力，有人为了钱，但我没有这种心态。说实话，为自已，为这个国家，为这个产业，一个伟大的将军，不是体现在冲锋陷阵的时候，而是体现在撤退的时候。网络不行的时候我真正体会到了如何做企业，2000年以前，我没有做企业的感觉，而现在我觉得自已是在做企业，而不是做生意。”

马云说的这些话带着一股霸气和自信，听后让人酣畅淋漓，激情万丈。如果你是听众，你的内心会是如何呢？马云的强大气场总能使他的讲话不言而明，态度不威自严，整个会场似乎都在他的掌控之中，所有人的内心情感也仿佛都被他掌控了——这就是马云的气场驾驭力。

无论是在杭州西湖与美国前总统克林顿的“西湖论剑”，还是后来与美国总统奥巴马的会晤及共进晚餐，抑或与各大企业家的会谈，马云所到之处，总是气场满满。

为什么迈克尔·杰克逊一登上舞台，数万观众就为之倾倒？

为什么乔布斯一站上“讲台”，苹果手机的柜台前就排起了长队？

为什么你，一遇到当众讲话，就会尴尬，声音嘶哑，肢体动作僵硬？

因为——气场！所以说，要使自己演讲或与人沟通时具有强大的气场，就要学会运用一些技巧来达成：

1. 要克服恐惧心理，增强自信心。还没有登上演讲台就紧张得双腿发抖，浑身冒汗；一看到人多就语无伦次，不知所措……这样的结果只能使自己越来越陷入紧张恐惧的心理之中，那么气场也就无从谈起。克服恐惧心理的一个最有效方法就是多练习。

2. 自信可以制造强大的气场。当你在演讲或与人沟通的过程中不妨这样告诉自己：“我尽自己最大所能去演讲或沟通，结果暂且不去理会”“我的演讲或讲话会让大家喜欢”“我的演讲会成功”。如果你经常用这样的话语告诫你自己，那么长时间下来，你就能克服紧张的情绪，增强演讲气场，提高自信心。

3. 让自己具有亲和力。在演讲的过程中，你的亲和力就是影响力、感染力。演讲者带有亲和力的演讲，可以很自然地活跃气氛，拉近与听众之间的距离。

4. 用站姿为自己树立气场。要想通过站姿来传达气场，就要抬头挺胸，给人一种气宇轩昂的样子，而不是低头垂眉，无精打采。当过兵的人，总是给人一种威武之感，那是因为他们的身姿正直挺拔，给人一种威严的气质和饱满的精神。

5. 与人进行眼神交流也可增强气场。眼睛是人心灵的窗户，你在演讲中或与人沟通时可以与听众做眼神的交流，让听众感受到你的内心世界。但是切忌盯着人的眼睛看，要尽量将目光停留在人的鼻头到两眼之间。

说出的话，必须具有感染力

“太精辟了”“一针见血”“感同身受”，每次听完马云的演讲，总会听到听众这样评价。的确，马云的演讲总是以常人不能相比的自信和幽默，瞬间打动听众的内心，尤其是他对全局的掌控能力、驾驭能力，令很多人为之赞叹。

2010 年，在中国地方与行业网站高峰论坛会上，马云说：“我不是第一次来参加站长大会了，十年八年以前我参加过各种论坛，和你们一样是坐在那里倾听别人讲话，我并不是为了获取什么才去倾听，而是听别人讲成功和失败事例之后反思我回去做什么。学习别人成功的时候，一定要先花点时间学习别人是怎么失败的。只有你相信你是站长，只有你相信你可以影响很多人，你才能影响很多人。什么是最近流行的话？就是心有多大，舞台就有多大。而我觉得你的责任心有多大，你的舞台就有多大。你愿意为一个人承担责任，你就是自己，你愿意为十个人承担责任，你就是经理；你愿意为几百万人承担责任，你就是市长……”马云形象又生动的比喻，立刻引起台下雷鸣般的掌声。

为什么马云讲话时常常能引来阵阵喝彩？那是因为马云的讲话具有超强的感染力，他能把一段平实的道理讲得非常富有哲理，引人入胜。

“八年前，我们手头连把镰刀都没有，今天我们手上有东西了，人力也多了，你们要比八年以前的十八个创始人，要比七年前的百八十号人聪明得多，能力要强得多。要是你们不能成功，不要怪别人，要怪自己。谁让你们被别人忽悠，被我忽悠进来呢。来了，就死了这条心，认了吧。人家八年傻干过，我们也干吧。你一直干一直挖，挖不到油也可以挖到水。我们一起挖几年，在这个公司里面学习，欣赏。对大家的期望很大，我们把自己降低，将来能跳得更高！”

形象的比喻、生动的语言，配合丰富的肢体动作，让马云的演讲给人以“生动搞笑、手舞足蹈”的感觉。马云能通过对语言的控制和身体的配合把大家的目标与自己的目标归拢到一条轨道上，在烘托气氛中与听众引发共鸣，从而传达出自己的观点、情绪和感悟，让听众不自觉地被他所感染。

现实生活中，可能我们进行演讲的机会并不多，甚至可以说少之又少。但是，努力让自己的语言变得富有感染力，对社交而言还是很有必要的。任何人都不喜欢对方漫无目的的信口开河，相信也没有人喜欢对方孔老夫子般的说教。让自己的语言变得更具感染力，既能提高自己的交际质量，也能得到别人的信赖和喜欢。那么，要使演讲的语言具有感染力，我们可以从以下几点着手：

1. 语言真实，充满自信。真实的语言是增加语言感染力的基础，也是打开对方心门的金钥匙。讲自己真实的故事，就是将真实的自己呈现在对方面前，那么对方就能深刻地感觉到你的诚意，从而愿意做你的倾听者和帮助者。

2. 生动形象，立体感强。运用生动形象的语言进行表达，是所有演讲大师、交际达人都会使用的技巧。因为生动形象的语言能将生硬的词语变得富有人情味。尤其是在专业性特别强的讲话中，演讲者使用生动的语言，能够让听众最大限度地理解你的意思。

3. 烘托气氛，引发共鸣。无论是说话的气氛还是演讲现场的气氛，都需要讲话人运用合适的方法进行烘托或调动。烘托得不好，现场则死气沉沉；烘托得太过，现场则会出现混乱。因此，要寻找到自己与听众的相通点，在此基础上友好互动，引发共鸣，才能轻轻松松掌控全局。

4. 运用合适的肢体语言。合适的肢体语言是说者的“第二张嘴巴”，如何把这个嘴巴的功能发挥出来，就需要讲话人在讲话时，饱含真切丰富的情感。情感是基础，肢体语言是延伸和强化，将两者有机结合在一起，就会收到好的效果。

有梦想，就要“秀”出来

早年的马云不管走到哪里都把梦想挂在嘴边，在公司里跟员工讲梦想，在外面跟客户谈梦想，在公共场合跟观众分享梦想……只要有人的地方，似乎都是马云用来“畅想”梦想的场所。他把梦想装在心里，挂在嘴边，时不时地说几句关于梦想的话。马云就是这样把自己的梦想——做企业的梦想、发展互联网的梦想、做大阿里巴巴的梦想，一步步推销出去的。

有人说，马云是“贩卖梦想”起家的。但马云不以为然，他曾说：“在这个世界上，没有一个人能完全影响你，重要的是你能从每一个影响你的人身上找到各种机会，然后不断学习，反过来影响别人。”他认为人是要有梦想的，万一实现了呢？他总是能给梦想找到最合适的理由去宣扬，他觉得宣扬梦想没有什么不妥，相反，把梦想深埋心底并不是明智的事。

为了让全世界知道他的梦想，早年的马云甚至做了一个《我有一个梦想》的演说，台下万千观众，他一个人在上面谈梦想。他说：“很感谢大家，我的客户还有我的同事，把我的梦想变成现实。五年以前，我想也是在这个时候，我在长城跟我的同事们说，我想创建一个中国人创建的全世界最伟大的公司。我们希望把自己的公司做102年，只要是有商人，一定要用我们的网络。当时这个想法，很多人都认为是疯子，当然这五年来，被人当成是骗子，也被人当成是疯子。后来，现在呢？别人把我当成狂人。但是这五年来，不管别人怎么说，从来没有改变我中国人想创办全世界最伟大公司的梦想。”

注意马云的讲话，我们发现，不管在任何场合，他提到最多的就是梦想。他始终认为梦想是他成功的灯塔，指引着他向前。马云曾说：“九年经历告诉我，没有条件的时候，只要你有梦想，只要你有良好的团队坚定地执行，你是能够走到大洋的那一岸的。”

马云总是跟年轻人谈梦想，特别是在演讲的时候，他更是三句话不离梦想：“今天我还是这个梦想，唯一的区别是我向我的梦想前进了一步。”“要像坚持初恋一样坚持梦想。初恋是最美好的，每个人第一次恋爱最容易记住。同样，每个人初次创业时候的理想是最好的，但你走着走着就找不到这条路。”

2005年12月24日平安夜，马云又在“阿里巴巴社区大会”说：“1999年，软银集团董事长孙正义投资阿里巴巴。2001年，互联网进入冬天，非常倒霉的冬天。孙正义当时到上海来，他们在中国投了三十几家公司，我坐在最后面，他们每个人都是写了很多的东西，那时候是互联网冬天，很多的互联网公司都讲自己的公司不错，我最后一个讲，我跟他熟，我最后一个去讲的。我看见三十几家公司，每家公司都转变自己的商业方向，因为第一年告诉软银一个故事，结果第二年发现故事都变了，所以他们随着市场的变化而改变。我跟他讲，孙先生，一年前我向你要钱的时候，我讲的是电子商务这个梦想，今天我告诉你，我还是这个梦想，唯一的区别是我向我的梦想前进了一步，但是我还在往前走。”

梦想是每个人内心深处的强烈的愿望，它像刚刚诞生的粉嫩小婴儿，带给人们惊喜、希望以及所有对未来的美好幻想。从心理学的角度来说，提及他人和大多数人的梦想，可以很好地拉近与他人的心理距离。特别是在演讲中，谈梦想能极大地吸引他人的注意力，让人心头振奋，激情万丈。这样一来，全场的气氛就会被极大地带动起来，而演讲人就像是一个拥有魔法棒的魔法师一样，驱动着人们一步步向他所设定的梦想情境走去。

马云在演讲中就巧妙地运用了梦想的强大感召力，成功地烘托气氛，掌控全局，这也使得他得到了很多追梦人的热捧，从而把他奉为梦想的使者，追梦的领路人。

“像坚持初恋一样坚持梦想”，是马云的人生信条，也是促使他成功的最大动力。马云是个天马行空的人，他向来不按常理出牌，所思所想总是出人意料，所以他的梦想也显得那么“不着调”。

马云把梦想付诸行动之中，在创业的过程中从未放弃过对梦想的追求。我们知道，一个只会说梦的人，终究是无法打动听众的。成功之前，马云也有很多看似“不着调”的梦想，且经常拿出来“显摆”，比如，他想带着团队到巴黎去过年，而且在那里给大家发一个大大的红包；每人两把钥匙——一把钥匙是巴黎的一幢别墅上的，一把是一辆法拉利跑车上的；给员工加寿；去拍电影，演一次风清扬；出 5 亿美元把一个欧洲豪华酒店买下（高出老板要价 2 亿美元），回头把这家酒店送给路边一个弹吉他的流浪汉……

有一次，马云跟大伙儿一起去杭州的天竺山。看着巍峨耸立的青山，马云似乎想起了纵横山水的武林高手，他说："金庸的每部武侠书我都看过不止一遍，我的梦想就是成为武林高手。"马云一边说一边在一棵大树下捡起一根稻草，"我一发功，这根稻草会变得刚劲无比，一甩手它就能穿透这棵树。等我一收功，它又松软如初，两头从树干上耷拉下来。所有经过的人都看不明白这根稻草是怎么穿过树干的。哎，我若有旷世武功就好了，就像风清扬那样。"

马云有一个武侠梦，而且这个梦一直没有磨灭过。在创办了阿里巴巴后，有一次马云还说："我哪天突然消失，谁也找不到，大家急得团团转。一周后我才告诉秘书，别人再问起，你就回答马云去拍电影演风清扬了……别人若问，那啥时候能回来？你就说：'我也不知道，您关注一下相关的新闻吧，电影啥时候杀青，马云啥时候才能回来。'我觉得这样蛮好玩的！"

敢于坚定的预言

“不做电子商务，五年后你会后悔。”

“十年后，你要是再不做电子商务的话，那么你将无商可务！”

这些“大话”都是马云说的，说“大话”，预言未来，似乎是马云非常乐于干的事。早在2007年的时候他就曾说过：“五年后，阿里巴巴就可以成为市值超过1000亿美元的公司了。”果然，到2012年年底，阿里巴巴的市场价值已经达到了千亿美元。

特别是在演讲场合，马云更喜欢大胆预言，带给人们无限遐想，令现场气氛无比活跃。马云有胆有识，敢于预言，他不怕别人怎么说，只是真实地说出自己的想法。他也经常回顾自己的预言：“假如1999年我们不判断中国一定会加入WTO，加入到WTO之后中国人的生活一定会好，那么今天也就不存在这些优秀的铁军；假如我们不判断中国的内需市场必须起来，我们就不会做中文站点；假如不判断中国将由电子商务消费驱动市场，我们就不会推出淘宝；假如不判断中国支付体系不一定是政府垄断，我们就不会推出支付宝。我们都是基于对未来的判断才有今天的阿里巴巴，我们必须看到别人没有看到的危险，也必须看到别人没有看到的机会。”

预言一直以来都以一种特殊的力量吸引着我们，并且越是伟大的预言就越令我们着迷。然而，再正确的预言也会有失误的时候，马云自己也很清楚这个事实。早在 2007 年 7 月份的时候，马云就曾经说过：“互联网时代有三大工具，第一大工具是搜索引擎，第二大工具是 IM（即时通讯），第三大工具是马上起来的邮箱。”

显然，那时马云不知道会有 Twitter，会有 Facebook，也不知道 Email 并没有改变世界。所以他也说：“阿里巴巴并不是大公司，错了就改回来，这又不丢脸。”群体心理学告诉我们：人们总是期待有特别才能的人能预测未来。在某个恰当的时刻，充分回顾自己过去的成功预见，选择性忽略那些错误的判断，再面向员工充满信心地展示未来，会让讲话瞬间充满光辉。

马云敢于预言，也经常重复预言，但他的预言并非都是正确的。他曾经说过这样的话：“丰田的伟大并不是领导者的伟大，而是员工的伟大；传统行业进入互联网成功的概率是很低的……”这些语言要么是偷换了概念，要么就是妄下结论，还有的是为了加强语言的感染力而用了夸张的词语来加以修饰。但是，即便是这样，只要是你自己相信的事情，而且把你的观点在不同的场合下不停地重复，大家就有可能会相信。所以有时候你是很难区分出马云说的话到底是观点还是事实。他说话时，经常会用他那激昂的情绪来感染你，就好像他说的每一句话都可以变成事实一样。而且马云他自己也说过，很多事都是这么做起来的。你要让别人相信，首先你自己得相信。

所以，马云的讲话中经常会出现“坚信、肯定、最……”这些带有强烈感情色彩的词语。他最常说的一个词就是——坚信，“我坚信中国可以发展电子商务”“我坚信电子商务要发展，必须得先让客户富起来”“我也坚信互联网会影响中国，甚至会改变中国”……

比如，在谈到培养员工的问题上，马云这样说：“我想分享一下自己的看法，从强我变成利他思想，是21世纪的企业家必须要有的素质，你要让你的员工比你聪明，比你更了解信息和数据，让你的员工有更强的能力，让你的客户、合作伙伴更强。这个才是这个世纪会诞生的新型企业，不管你信不信，反正我今天是说了，等到30年以后，你再回头看看。”

“不管你信不信，反正我今天是说了，等到30年后，你再回头看看。”多么自信、霸气的预言！或许这样的话只有马云敢说。人失去了想象和幻想，生活将会变得索然无味，而马云正是非常巧妙地激发了人们的想象力，给了人们对未来的无限希望和想象。试想，这样的马云谁不喜欢呢？

激情高昂的演讲，让全场沸腾

激情，是阿里巴巴六脉神剑中的“第五支”，马云将其解释为“乐观向上、永不放弃”，这是全体阿里人的精神信仰。同样的，在阿里巴巴人眼里，马云则是激情的化身，有马云的地方，就有无限的激情。

作为一名出色的演讲大师，马云的演讲也充满了无尽的激情，他总能用自己特有的方式，使得现场高潮迭起，精彩纷呈；他总能把平淡的话说得富有意境，富有情感，以此打动每一个听众，使得他们内心涌起无限遐思。

2013 年 5 月 10 日，马云正式卸任阿里巴巴 CEO，在淘宝十周年暨马云辞职晚会上，马云现场演唱了《我爱你中国》《朋友》这两首合情合景又意味深长的歌，让全场阿里巴巴人为之动容、为之落泪。

“从今天晚上 12 点以后，我将不是 CEO。从明天开始，商业就是我的票友，我为自己从商 14 年深感骄傲！看到你们，看到中国的年轻人，我不希望有一天我们这些人再来一个‘致我们逝去的中年’。这世界谁也没把握你能红五年，谁也没有可能说你会不败，你会不老，你会不糊涂。解决你不败、不老、不糊涂的唯一办法，相信年轻人！因为相信他们，就是相信未来。所以我将不会回到阿里巴巴做 CEO……

“我特别荣幸介绍阿里未来的团队，他们和我一起工作了很多年，他们比我更了解自己，陆兆禧工作了 13 年，在阿里巴巴内部，经历了很多岗位，经历了很多磨难，应该讲 13 年，眼泪和欢笑是一样多，接马云这个位置是非常难的，我能走到今天是大家的信任，因为信任，所以简单……”

马云的话音还没落下，现场已是热血沸腾、掌声雷动，更有一大群年轻人，情不自禁地站起来为马云喝彩。

马云的辞职演讲激情高昂，处处饱含着对过去的肯定和对未来的希望。他甚至断言，陆兆禧比自己更能胜任阿里巴巴 CEO 的岗位，因为他有丰富的阅历和经验，因为他曾经和马云一起吃苦历难，拥有一样的梦想。他曾说：“我相信，我也恳请所有的人像支持我一样，支持新的团队，支持陆兆禧，像信任我一样信任新团队、信任陆兆禧！”

善于运用激励人心、引发听众共鸣的词语，是马云演讲让全场沸腾的重要原因。比如，在为公司和员工树立愿景的时候，他会用“伟大”一词；在激励员工为共同目标奋斗的时候，他会用“一路狂奔”这样的词语；在谈及自己拥有必胜的信心的时候，他说：“只要我不死，我就会跳起来继续战斗。”他的语言明确又具体，让你在听的同时，仿佛看到马云在自己所描述的情境中战天斗地，不由得让你热血沸腾、内心澎湃。

2014 年 10 月 18 日，亚洲协会揭晓了首届“创变者”获奖名单并举办颁奖典礼。位列名单榜首的马云作为唯一的中国企业家代表，发表了激情高昂的演讲，演讲中，他说了这样一段话：

“过去十五年，我常常说自己是一个盲人骑在瞎老虎背上，不过那些骑在马上的专家都失败了，我们活了下来。因为我们考虑的是未来，我们相信未来，我们改变自己，我们从不抱怨别人。我在我的公寓里告诉团队，我们必须证明自己，因为如果我们能成功，那中国 80% 的年轻人就都能成功。我们没有有钱的父亲、有权的叔叔，我们没有从政府拿过一块钱，没有从银行拿过一块钱，我们从零开始。所以我必须努力工作，不仅是证明我们自己，也是证明我们这代人，证明互联网的力量。这就是我想和年轻人分享的。”

“十五年”“80%”“一块钱”，马云通过具体明晰的数字，给人们营造了鲜明的时间感和空间感。“盲人骑在瞎老虎背上”，一个简单又形象的比喻，突出了马云当时处在“水深火热”的境遇中，与骑在马上的专家形成鲜明对比。但是马云讲话的后半部分才是重点：即使处在水深火热之中，我们也不抱怨且依旧相信自己。我们有信仰有追求，并不断为之努力，我们终会证明自己。发自肺腑的一席话，不仅让人看到了马云在创业之路上的激情与毅力，同时也激发了年轻人自立自强、勇于寻梦的决心和斗志。

演讲中，马云激情高昂的话语总能给人以奋斗的勇气和力量。但激情不是口若悬河的滔滔不绝，更不是拍脑袋做事的一时冲动，而是根植在内心深处的一种精神动力和信仰。依托激情的力量让自己奔跑，才能无所畏惧，追梦翱翔。

充满激情的人生是热血沸腾的人生，因为有激情，人生才变得更加丰富多彩；充满激情的演讲也是一个奋斗不息的事业，因为有激情，才能把正能量和阳光心态不断传递。

豪言壮语，激发超强“情感风暴”

马云说过很多豪言壮语：“小虾米一定要有个鲨鱼梦”“伟大是熬出来的”“发令枪一响，你不可能有时间去看对手是怎么跑的，你只管一路狂奔”……这些话充满豪气，听上去大气磅礴，气势充足。豪言壮语在激励人的意志方面，像一场风暴一样能引发听众的内心情感，使人的内心能够产生强大的激情。

阿里巴巴创业第一天，马云就说了一番豪言壮语，他说：

“第一，我们要建立一家生存80年的公司；第二，我们要建设一家为中国中小企业服务的电子商务公司；第三，我们要建成世界上最大的电子商务公司，要进入全球网站。”

试想，世界上有哪一个创业第一天的公司老总能发出做“世界最大公司”的豪言壮语？相信世上除了马云有此魄力，再无第二人。

在演讲场合，说豪言壮语能调动大多数人的积极性，让整个会场充满正能量。马云曾在一次演讲中这样说："我们原先计划是 30 年内拿到 1 个世界 10 大网站的席位，现在看来有可能 10 年内拿到 3 个席位了。"他还说："中国只有一个华谊是不够的，中国需要二十三十个，甚至一百个这样的华谊，来弘扬中国的电影、电视剧，和所有的一切。"

马云素有"狂"名，他的狂放不羁几乎是人尽皆知的，世界上有很多创业者、企业家、成功者，但像马云这样总是把话说得豪气冲天的恐怕还没有几人。豪气是因为有底气、有实力、有自信。一个没有任何竞争力和影响力，也没有做出任何成就的人，是说不出什么豪言壮语的。

马云有着强大的内心，那是因为他的经历不同寻常，他的成就超越常人。他是"网络拿破仑"，是阿里巴巴帝国的"君主"，是"中国首富"，他具有多年的创业和经商经历，有几十年的成败血泪，有着雄厚的资金、人脉和地位，所以他讲话自然具有十足的底气。

说话豪气似乎成了马云的一种风格，但是这种风格并不是一朝一夕就能拥有的，而是经过风雨吹打、岁月磨砺之后铸就的。我们发现，无论在创业初始的艰难时期，还是在中间的金融危机等各种危机时刻，马云的话语中总透露着很多豪情壮志："什么叫没钱？不是说你饭都吃不饱了，如果真是那样，你不如去救济站领取城市最低生活保障来得实在。如果你做网站就是为了赚融资，准备'花美国股民的钱'，那也要假设一个融不到资的情况，毕竟你身边、你的部下、你的兄弟都在看着你，唯你马首是瞻，你自己爬不好摔死了是你活该，但是砸死一堆兄弟就是你的不对了。不要眼高手低，踏实做事的人才有收获。"

马云的这段话，为什么能给人一种豪气冲天之感？那是因为马云深深抓住了人的心理：多说“你”，多说对方，比多说“我”能更吸引人的注意力。其实，在沟通的过程中，没有人喜欢听对方过多地讲述自己的故事，自己的观点。人的本性是自我的，且喜欢被人关注，那么，多说“你”，多说对方的事，能让对方很自觉地听你的谈话。而马云就巧妙地采用了这一个原理，在这段话中，没有出现一个“我”字。

如果马云这样说：我是一个负责任的人，跟着我的人，不会担心融不到资，更不用担心没有饭吃！那么，这样平平的陈述语句也就没有豪言壮语的美韵了。所以说，站到对方的角度上来讲话，用“你”给人震撼之感，可以把想要说的话说到对方的内心中去。

但是，在与合作伙伴和员工沟通或讲话时，马云除了很少说“我”以外，又会将“你”改为“我们”。他不会说“你”要怎样做，而是说“我们”应该怎么做。

让我们看看马云是如何引发合作伙伴的“情感风暴”的：

“从现在起，我们要做一件伟大的事情。我们要做的 B2B 将为互联网服务模式带来一次革命！”“启动资金必须是闲钱，不许向家人朋友借钱，因为失败可能性极大。我们必须准备好接受‘最倒霉的事情’。但是，即使是泰森把我打倒，只要我不死，我就会跳起来继续战斗！”

不过，我们也要注意，不要总是把任何话都说得霸气张扬，还是要分场合的。我们可以看到，马云在演讲的时候，霸气更多些，因为那是众人云集的场合，需要一种氛围，而在回答单个记者或观众提问的时候，他还是以务实为第一标准。这就是一个度的问题，需要演讲者或沟通者把握好。

豪言壮语不是不可以说，但是要分场合。合适的场合说合适的话，就可以提升我们的气场，让我们得到更多人的认可和尊重。场合不对，或者不管什么场合都将豪言壮语挂在嘴边，我们便成了“讨厌鬼”了。

必要的煽情，能起到意想不到的效果

人非草木，孰能无情？感人心者莫先于情。心理学认为，人的全部心理活动都与情感有着千丝万缕的联系，情感是驱动人类认识和改造客观世界的内部力量。在沟通过程中，如果能巧妙地运用情感的力量，将演讲中的一些“动情点”最大限度地激发出来，并保证其畅通、完整地传递给听众，将会产生不可思议的效果。而引出这些“动情点”的感情渲染，就叫煽情。

在许多人的观念里，“煽情”是矫情。其实不然，在演讲中，适当地运用“煽情”，不仅能拉近听者和说者的距离，也能为引发心理共鸣创造条件。马云绝对是个会煽情的人。在阿里巴巴的文化中，同事间互称“同学”，员工离职称“毕业”，每个在阿里工作过的员工都保留着属于自己的工号，哪怕只在阿里工作过一天。

马云说："我一直相信，会有这么一天，外面的阿里人比公司里的多。在座的肯定有一些人离开时是难过、郁闷的，因为阿里带给你理想、快乐，也会有沮丧。"

"二十年以前也好，十年以前也好，我从没想过，我连自己都不一定相信自己，我特别感谢我的同事信任了我，当 CEO 很难，但是当 CEO 的员工更难。"

在淘宝十周年暨马云辞职晚会上，"五音不全"的马云先是破天荒地唱了两首煽情的歌，然后又开始了"煽情"地演讲。他讲到了一路走来的心路历程，也讲到了自己坚持卸任 CEO 的原因，他认为，年轻人的创造力和爆发力不可想象，自己已无法企及，把公司交给他们，是正确的也是必须的选择。

煽情是渲染感情、增强感染力的一种手段，要想恰如其分地运用"煽情"，就要了解听众的关注点，懂得听众的心。

每年 5 月 10 日，是一年一度的"阿里日"。2016 年"阿里日"当天，马云在为 102 对新人证婚时说："真希望是你们中间的一个，每年的今天是我感到最幸福，也是最'失落'的一天。幸福呢，看着大家幸福，就是我的幸福；失落呢，总感觉到自己不在这里边，要是我年轻个二十岁、三十岁，我肯定也会在这儿。其实，每当这一天大家发现我讲话总是语无伦次，因为心情激动，同时也有巨大的期待，我期待大家在未来 85 年内，幸福美满，期待大家在未来的 85 年内，照顾好父母，希望在未来的 85 年内，每个人都懂得幸福是创造起来的。"

这一段话中，马云一直站在旁观者的角度，表达出他内心"既忧又喜"

的复杂情绪。他的幸福和失落都来自员工，而不是他自己。他用特别简单的几个词语“失落”“幸福”“要是”“肯定”来表达对昔日的留恋但又必须告别的无奈，以此劝慰年轻人珍惜时光，珍惜幸福。

一直以来，马云都被青年创业者视为精神导师、偶像人物。这不仅仅是因为他亲手缔造了富有传奇色彩的“阿里帝国”，也是因为他能言善辩、风趣幽默。马云的演讲没有什么专业性特别强的语句，但他那堪称经典的语句却能给人以醍醐灌顶的警醒和无法言说的心灵震撼，这样的煽动性，怕是只有演讲大师马云才有。

空中网总裁杨宁心中的马云是这样的：“马云是一个煽动性很强的人，他讲话的时候就是能把你感动，如果你听他的现场演讲，不管是英文还是中文，他都能超强发挥。我听过他一次英语演讲，超棒。在国外，他就能说服杨致远以那么高的估值、给他那么多钱去买他的业务。”

但是，煽情不可滥用，用多了就会让人感到反感，就像美味吃多了也会腻一样。煽情要适度，恰当的煽情可以起到非常好的效果。一般来说，在演讲场合可以用煽情的技巧来达到拉近距离、烘托气氛的效果，以便让人很快地接纳演讲者的观念。但在一些与少数人对话的场合，则不太适合煽情的手法。

引领听众的思路跟着自己的走

美国著名人际关系学大师卡耐基说："说话不仅是一门学问，还是你赢得事业成功的常变常新的资本。"

说话，作为人与人之间进行沟通的最重要手段，它的作用不可替代。会说话的人能够最大限度地吸引别人的注意力，得到别人的心理认同，那么这也就相当于得到了继续交往的通行证；而不会说话的人，一开口说话就让对方心里觉得不痛快。对方会从心里直接屏蔽你接下来的任何话语，让你万分尴尬。

和会说话的人说话，是一种智慧的碰撞和心灵的交流。在这个过程中，对方会津津有味地听你的"高谈阔论"。演讲大师马云，正是靠着这样一张"口吐莲花"的嘴，俘获了无数崇拜他的人的心。马云从来不用提前准备演讲稿，即使接受现场提问，也不用做其他准备工作，且他的每一场演讲都座无虚席。不仅如此，“高手”马云还能让观众的思路跟着他的思路走，让观众的情绪跟着他的情绪走。

2008年12月，在企业家年会上，马云结合当年的经济危机做了演讲：

今天北京的报纸上登了一只大傻鸭，被湖面上的冰给冻住了。因为它没有料到，今年的冬天会这么冷。而那些有准备的鸭子提前上了岸，于是就安全了……金融风暴也是如此，来了并不可怕，可怕的是没有准备……我说过金融风暴最黑暗的时期已经过去，那是因为半年前阴云密布而大家浑然不知，那是最可怕的。虽然现在雨很大，但大家都在关注，就会慢慢好起来了……

马云的这段讲话，既形象生动又可观可感，更令人意想不到的是，马云所提到的大傻鸭——充气大黄鸭，正是早晨助手随手买来的报纸里刊登的新闻，而且还有照片。马云就这样顺手拿来作为演讲的开篇素材。

虽然这则新闻人尽皆知，但马云要引用这则新闻讲什么道理大家却并不知道。也正因为如此，马云的演讲一下子就吸引了听众的注意力。同时，经济危机本是个沉重的话题，但马云用大傻鸭的例子快速地将这种严肃的氛围化解了，且间接地指出大家对于金融风暴的反应过于迟钝。随后，马云又通过一系列的阐述、比喻，将金融风暴的发展形势分析得透彻在理，从而把大家的思路牵引到自己的思路上来。

与口才好的人交流是一种享受，因为在交流的过程中，彼此的思想和智慧相互交锋，极有可能碰撞出新的火花。尤其是和情商高、富有思想的人交流，更能从中学习到他们独有的机敏和睿智，同时引领自己的思想向更新更高的方向发展。马云的演讲，既存在着对别人提出的观点的质疑，也有对这些观点的理解。马云在收购雅虎后首次发表的演讲中这样说：

世界上很多非常聪明并且受过高等教育的人，无法成功。就是因为他们从小就受到了错误的教育，他们养成了勤劳的‘恶习’。很多人都记得爱迪生说的这句话吧：天才就是99%的汗水加上1%的灵感。并且很多人被这句话误导了一生。勤勤恳恳的奋斗，最终却碌碌无为。其实爱迪生是因为懒得想他成功的真正原因，所以就编了这句话来误导我们。很多人可能认为我是在胡说八道，好，让我用100个例子来证实你们的错误吧！世界上最富有的人，比尔·盖茨，他是个程序员，懒得读书，他就退学了。他又懒得记那些复杂的dos命令，于是，他就编了个图形的界面程序，叫什么来着？我忘了，懒的记这些东西。于是，全世界的电脑都长着相同的脸，而他也成了世界首富。世界上最值钱的品牌——可口可乐。他的老板更懒，尽管中国的茶文化历史悠久，巴西的咖啡香味浓郁，但他实在太懒了。弄点糖精加上凉水，装瓶就卖。于是全世界有人的地方，大家都在喝那种像血一样的液体。

回到我们的工作中，看看你公司里每天最早来最晚走，一天像发条一样忙个不停的人，他是不是工资最低的？那个每天游手好闲，没事就发呆的家伙，是不是工资最高，据说还有不少公司的股票呢！我以上所举的例子，只是想说明一个问题，这个世界实际上是靠懒人来支撑的。世界如此的精彩都是拜懒人所赐……

懒不是傻懒，如果你想少干，就要想出懒的方法。

马云先是抛出“勤劳并不一定能成功”这个观点吸引大家的注意力，然后再引用爱迪生的例子，勾起大家继续听下去的欲望。马云的演讲从此时开始已经俘虏了一大批听众。稍后，马云又接连列举几个例子证明自己不同寻常的观点是正确的，其中蕴藏的新奇的思想和颠覆式智慧很快就让听众顺着他的思路在心中形成初期印象：马云的观点好像挺有道理。在大家半信半疑地思考时，马云又瞬间实现场景切换，谈及现实生活中的同事，在给听众营造出一种真实的感觉的同时，进一步佐证了自己的观点，让听众的思路一直追随自己的思路，直到最后论点的得出。

那么，现实生活中，要想让别人的思路跟着自己走，不仅需要有好口才作为基础，还需要把握以下几个关键点：

1. 语言形象生动，制造幽默感。形象生动的语言，有助于在短时间内吸引大家的注意力，但不足以长时间吸引听众，因此，幽默感不可或缺。演讲中的幽默感，不仅可以给演讲构建轻松的氛围，缓解演讲者紧张的情绪，还可以唤起听众的注意力，可谓是“一举多得”。

2. 抛砖引玉，吸引听众兴趣。抛砖引玉，抛出的“砖”对听众而言，一定要新颖、有创意，才能尽可能地引起听众的兴趣。比如，马云运用的颠覆式思维，几乎成为其吸引听众的一把“利器”。如何将马云的这把“利器”拿为己用，需要演讲者结合自己的演讲内容来揣摩。

3. 提出问题，让听众自己思考。如果在演讲的过程中，只有你一个人滔滔不绝地讲话，相信不会有人愿意长时间地听下去。相反，如果在演讲中能够通过提问题的方式，让听众与演讲者实现互动，这样的演讲就会给人带来很大的吸引力。只有演讲者提出问题，观众才能跟着演讲者的思路走。这是许多演讲大师让听众跟着自己思路走的诀窍之一。

4. 融入自身经历，增强认同感。每个人的经历不同，所讲的故事就会不一样，对于听众来说，演讲者的自身经历具有独一无二的属性，因此具有更大的吸引力。尤其是与听众相似的经历，更能瞬间击中听者的内心，让他从心底与演讲者产生共鸣，增强彼此的认同感。

Chapter 03

底气十足，超强自信

——格局由心生，也由口出

说话自信，才能有气势

马云是个自信心极强的人，他不畏创业艰难、不畏世俗冷眼、不畏挫折失败，任何时候，他都以自信之心面对这个世界。马云从不否认自己，也从不夸大自己，他实事求是，一步一个脚印地向前走，并且以自己独特的视角创造了一个网络传奇，也谱写了他自己的辉煌人生。

马云曾说："阿里巴巴公司不承诺任何人加入阿里巴巴会升官发财，因为升官发财、股票这些东西都是你自己努力的结果，但是我会承诺你在我们公司一定会很倒霉，很冤枉，干得很好领导还是不喜欢你，这些东西我都能承诺。但是你经历这些后出去一定会满怀信心，可以自己创业，可以在任何一家公司做好，你会想：'我在阿里巴巴都待过，还怕你这样的公司？'"

寥寥数语，足可见马云对阿里巴巴公司会给员工带来的良好改变和巨大提升的深信不疑。马云不像其他公司的高管一样借助于优厚的薪资待遇、清晰的职业前景以及宽松舒适的就职环境等来说明阿里的优势，而是凭借着阿里巴巴对人才培养、塑造和磨炼的自信，直截了当、气势十足地告诉听众：你到这里可能会有诸多不如意之处，但我们可以保证，将来有一天，你从这里走出去之后，不仅可以实现自我创业，而且将不会再惧怕任何一份工作。

这番话透着马云舍我其谁的自信，以及对阿里巴巴的自豪！

翻阅马云的各大演讲稿以及发言内容，我们可以发现，无论何时何地，他总是对自己以及阿里巴巴满怀自信。比如，他曾说：“我深信不疑我们的模式是会赚钱的，亚马逊是世界上最长的河，8848是世界上最高的山，阿里巴巴是世界上最富有的宝藏。”一句话，三个“最”字，这种豪气冲天的话恐怕也只有马云能说出口！

马云曾在2014年9月份的阿里巴巴路演现场“气焰嚣张”地向全美国乃至全世界宣告：“15年前，我来美国要200万美元，被30家VC（风投）拒绝了，我今天又来了，就是想多要点钱回去。”马云的话表面上看似是虚张声势，是一种不自量力的“狮子大张口”，其实是为了引起他人的注意，同时这段开场白也彰显了马云的强大自信心。这种自信则主要来源于他对阿里巴巴模式的自信、制度的自信以及文化的自信。

自信，就是相信自己，它是人对自己的个性与社会角色进行的一种积极评价的结果，是个体取得成功必备的一项心理特质，同时也是心理健康的重要标准之一。

正是因为有了自信，人们的心中才会充满希望，才会底气十足地去说一些话，做一些事。一般而言，充满自信的人，他们的言谈是大方得体的，是让人信服的，也是使人安心和值得期待的。他们的讲话通常富有激情，更有气势，也更容易引起他人的注意。

马云的自信，从他的言语中我们可以很好地听出来。而人们听他的讲话，也会觉得很振奋，觉得有劲儿。这是因为他的自信心很好地传达到听众的内心中了。反之，不自信的人同他人交谈或者发表演讲时，总是唯唯诺诺，让人觉得沉闷，没有活力，难以激发共鸣。

杨某一直对自己的出身十分自卑。尽管在同学们眼中，她皮肤白皙，身材很好且学习成绩优异。每当班会课上老师点名让她分享自己的学习心得时，她总是再三推辞。即便她在大家的强烈要求下站上讲台，她翻来覆去说的总是那几句话："咱们班比我学习好的人太多了。我并不聪明，也没有什么学习方法。不过是按照老师讲的内容读、背和练罢了。"如此反复几次后，再开班会的时候，老师和同学们也都不愿意找她发言了。

情绪是可以传染的。自信和不自信同样也能传染。聆听自信者的讲话，听众无形中就会被对方言语中流露出的自信所感染，会不自觉地去学习和模仿，进而也会对说话者产生一种好的印象。

对于现实生活中的我们来说，如果希望像马云一样说话有气势，就要先培养自己的自信心。而要想培养自信心，可以从以下几方面做起：

1. 多使用肯定句。肯定句主要表强调作用，它给人以自信、确定和不容置疑之感。平时，你可以分别使用肯定句、陈述句以及否定句阐述同样一句话，你会发现，用肯定句说话，收到的效果更好。仔细观察马云以及其他一些著名演讲者的讲话，我们可以发现，他们所说的语句也多以肯定句为主。

2. 口气坚定，提高音量。在跟别人讲话的时候，尤其是讲到自己擅长的领域时，语气一定要坚定，音量也要适当提高。长时间下来，你的自信心就会得到提高。

3. 假装自信。有位哲学家曾经说过："一个人，从充满自信的那刻起，上帝就伸出了手在帮助他。"气势和自信两者间是互为依存的，并非只有自信的人说话才有气势，对于没有自信的人而言，应该从气势上假装自己很有自信，这对于培养真正的自信也是非常有效的。

4. 多看自己的优点，少看自己的缺点。平时，我们要寻找合适的参照物进行比较，切勿以己之短对比他人之长，陷入盲目的自卑之中。比如，俞敏洪在某次演讲中曾经提到："比学校，马云不如自己，比长相，马云也不如自己，但马云的自信却超过了我。"俞敏洪这句话说得非常好，既夸了自己，也夸了马云。

5. 不惧失败，勇敢尝试。如果只是在畏缩中兀自害怕，就永远不可能超越自卑，变得自信。只有勇敢尝试，大胆挑战，在一次次的失败或成功中去完善自己，不断增强自身实力和竞争力，这样才能在生活中和工作中充满自信，也只有有了自信心，才能无所畏惧地勇往直前。

霸气十足，不卑不亢

某次演讲中，马云大声说道："'乔布斯到中国一定死了，每个国家的土地，诞生的东西是不一样的''我没敢说我们到美国一定会赢，但是我们在中国不输。我认为，乔布斯即便是全世界最有名的CEO之一，他到中国也未必会赢''我相信再过50年，再过80年，我相信我们会让世界看到更多的大树，更多有意思的东西'。"

上述这番话中，马云不仅十分霸气地回应了《人民日报》的记者提出的"中国为什么不能出现乔布斯"这一问题，而且又表示了：我们在中国不输，乔布斯到中国也未必会赢以及相信"我们会让世界看到更多的大树，更多有意思的东西"的信心。

在一些不明就里的外人眼中，马云是一个"狂人"。他常常在各大社交场合以及演讲过程中大放厥词，自信得有些狂妄。但其实，马云的"狂傲”，是因为他对自己以及自己所创立的阿里巴巴拥有绝对的自信。与其说他讲话张扬，信口开河，不如说他霸气外露，不卑不亢，天生拥有强者的气质。

“‘我看到中国没有一家企业进入世界500强，于是我就想做一家……’‘我觉得自己是在做企业，而不是做生意’。”这是两句非常霸气的话，同时也是两句非常有感染力的话。我们每个人的内心都藏着一个“野心”，都幻想自己能成为改变世界、受众人敬仰的人。但又有几个人敢于表达自己的这份野心呢？但马云敢，所以他成功了。

我们一定要懂得，真正的霸气是把自己的宏愿表达出来，而不是发狠斗勇。

人们之所以觉得马云有强大的气场，可以掌控局面，就在于他敢于传播自己的梦想。要想更进一步了解马云的这种以绝对自信力为基础的霸气外露的语言风格，我们可以从他做客《对话》栏目时，针对嘉宾和观众的提问所给出的答案中一探究竟：

提问者：我想说的不是税收的问题，看到马总的比喻我很感兴趣。你看刚才你把自己比喻成狮子。还有一个，是不是有点一花独放不是春，阿里是很好，但是整个电子商务领域业态是不是健康？马总怎么看，阿里巴巴赚钱了，大家都亏了。

马云：这个问题问得挺好，我并不是觉得我是狮子，我也做不了狮子。但是我是狮子和羚羊的区别就是生态。狮子吃羚羊不是恨它，七百万的卖家，这些年轻的企业，这些年轻人对未来的渴望和希望，对自己的梦想的实现，这股力量是对传统的冲击，这是具有狮子一样的雄心。就像十年前的我，我是绝对没想到有一天这个火点燃会那么厉害。

至于电子商务都一花独放了，我自己觉得我们也没一花独放，我从1995年开始做，到1999年重新开始做阿里巴巴，1999年到现在快14年了，我们付的学费是无数的企业不可想象的。所以我们其实是走过了、坚持下来了……你希望能够那么多盛开的花，可能没有。

曾有人说，全中国4800家电子商务企业，4799家企业都亏，只有淘宝赚。我也不知道4800家企业这个数字从哪里来的，第一绝对不止4800家企业，第二在淘宝上面活的电子商业企业活得非常好。今天我们电子商务绝大部分活的不好的企业，说实话他们诞生这一刻我就知道他们已经输了，他们生活在传统想象中的电子商务。传统想象的B2C，他认为这就是电子商务，这些企业本身就该死。跟阿里比我们是一个平台，模仿我们是很累的，有的人在平台和电子商务之间，不断地摇摆的时候，你是一定要死。阿里巴巴不是一家电子商务企业，我们是帮别人做电子商务，我们是帮无数想创业的，已经在创业，已经在企业的，我帮你做生意，这是平台和电子商务之间的区别。

面对提问者所提出的带有明显陷阱的问题，马云非但没有回避，反而十分耐心地为其讲述了阿里巴巴在发展中所遇到的挫折和困难。但另一方面，他也十分自信且霸气地表示："淘宝上面的电子商务企业活得非常好"以及"今天绝大部分活得不好的企业，它们本身就该死"。

由上我们可以看到，马云是一个非常自信也非常强悍的人。这不仅表现在他做事的风格上，还表现在他说话的风格上。马云说话狂，但却狂之有物。

马云不仅有霸气，还有不卑不亢的气质。所谓不卑不亢，通常是指某一个体说话办事有分寸，既不低声下气，也不傲慢自大。霸气外露则通常被看作是个体言谈充满自信的表现。对于我们大多数人而言，要想做到这两点是非常不容易的，但也绝非不可能。

不卑不亢的说话方式，最重要的是要：注意好分寸的把握。把握说话的分寸，既不可过于霸气，也不可太过自谦。有些人，说话时确实霸气十足，但却因为不能正确把握好分寸而招人反感。比如，一名体形羸弱的孩童指着力壮如山的大汉喊道："我一拳下去就能把你打趴下。"这很显然是不自量力了。

还有一些人，面对他人的质疑与刁难时，时常表现得过分自谦和低调，这样除了容易给人一种虚伪、不真诚的感觉外，还容易招致对方更进一步的欺负和刁难，给自己带来无尽的麻烦。比如，黄某最近半年升迁频繁，面对同事们羡慕的眼光，她却不断表示："只是运气好。"一段时间过后，公司里便不断有"黄某是董事长秘书"的流言传出。但实际上，她能升迁完全凭的是自己日夜加班，努力拼搏的结果。

大胆去“吹”，成功才有可能

现在，马云成功了，很多人会说：还不是他吹来的吗？马云的口才特别好，所以，很多人都说他特别会“吹”，但是，马云仅仅只是会“吹”吗？当然，马云的成功绝不是“吹”来的，也不可能是“吹”来的。世界上能说会道的人很多，能吹得天花乱坠的更是不计其数，但能吹到极致，吹到成功的，还真是少之又少。

2011 年全球网商大会上，阿里巴巴集团董事局主席马云针对外界提出的关于“你为什么做搜索引擎？”这一问题给出了自己的答案。他说：“我为什么做搜索引擎，就是让百度睡不着觉。支付宝在中国除了银行还怕过谁？支付宝在降低银行资费，这是有功劳的。我们进入移动互联网，让中国移动、联通睡不着觉。让坐在位置上的人不爽是我们最想做的事。我们对抢民营企业饭碗没兴趣，但对‘咬’国有企业一口很有兴趣，这就是互联网的力量。”

姑且不论支付宝在中国是否除了银行之外谁都不怕，也不必深究阿里巴巴究竟有没有如马云所说“让百度睡不着觉”“让中国移动、联通睡不着觉”。放眼中国望去，如马云一般创业成功的企业家人数众多，但能够像马云一样豪气地说出这些话的人，能有几个。

这就是马云说话的大胆之处！那到底是马云太过张狂自傲，还是他真的有这个本钱和底气呢？熟悉马云以及其演讲风格的人都清楚，恰恰是这些乍看上去“语不惊人死不休”的句子，才为他形成今日如此鲜明的演讲风格打下了坚实的基础。马云曾说：“语言是用来交流的，不要怕说错，也不要怕丢脸！临阵磨枪总比不磨强！在任何关键时刻、任何压力下都不要放弃，因为放弃是人生最大的失败！”

多年来，无论在公共场合还是在企业内部，能说、敢说是马云一贯的风格。这世界上没有马云不敢说的话，他曾说过：“‘我们要做世界上最大的电子商务公司’‘我们要让全天下没有难做的生意’……”可以说，马云的成功与他的“敢说”不无关系。正是他的“大话”“疯话”“狂话”“不着边际的话”让更多的人认识了他，了解了阿里巴巴。

“酒香还怕巷子深”，内心的想法不去表达，再好的想法也不能付诸行动，不能付诸行动的想法就是空想，就是瞎想。因此，要获得别人的认可，就要大胆地去说。大胆说出自己的想法，只有这样，才有可能获得众人瞩目的机会。

能说，是一种能力，也是一种本领，甚至可以成为安身立命的本事。但是，能说还要敢说，试想，如果马云没有到处宣扬他的“梦想”，他的伟大理念，那么，就不会有人知道他是谁，也不会有人知道他要做的事是如何“伟大”。

敢说话是一种勇气，这种勇气不是一朝一夕就能拥有的。它需要岁月的磨砺，并在磨砺中铸造一颗坚强勇敢、公平正义之心，并用这颗心去揭露事实的真相，表达内心最真实的情感。敢说主要包含两方面因素：第一，有勇气说；第二，敢于说出内心的雄心壮志。不同于马云的敢说和能说，现实生活中的大多数人，他们要么是能说却不敢说，要么是敢说却不会说，还有一些人则是根本没有想要表达自己的意识或者欲望。

对于敢说却不会说的人而言，他们需要着重训练自己讲话的方法和技巧。但对于能说却不敢说的人来讲，他们则需要在明确自己为什么不敢说的前提下，对症下药，锻炼自己大胆去说，进而给自己创造更多成功的可能。

一般而言，会说却不敢说的人大多内心自卑，性格内向，较爱面子，害怕在人前出丑或者犯错，说话做事具有完美主义的倾向。从心理学角度分析，一个想说或者能说却不敢说的人背后，通常都会有一个追求完美或者总是忽略孩子的父母与之共存。

一个人与父母的关系以及早期生活经验对其的影响会直接或者间接地影响到他成年后的一些行为习惯，而当事人可能并不清楚这样的影响是如何发生的，又是如何对自己起作用的。但是，在生活中遇到的某些人、某个事件却可能会触发人们早期压力的情绪记忆，使一个人从当下“回到过去”，用当时处理压力的行为或者情绪去应对目前的情况。

比如，白某有一对追求完美，做事严苛的父母。小时候每当她兴致勃勃地将自己心中的计划告诉父母时，他们总会厉声指出她计划中的不足之处，并指责她不应该用这样劣质的计划占用自己的时间。长此以往，每当白某心中涌出新的想法时，她都会极力压制住自己想要表达的欲望，害怕自己浪费对方的时间，害怕听到对方的批评。她做事情时总会给自己设定一个限制，只有达到甚至超过那个点时，才敢去说和做，否则将一直瞻前顾后，犹豫不决。

同白某一样，杨某也受到了父母的极深的影响。杨某的父母为人小心谨慎。每当她在家中尤其是外人面前准备发表自己的观点时，总会被父母警告要“闭嘴”“乱说话很容易授人以把柄”。这使得她无形中开始隐藏起内心想要表达的欲望，总是沉默，不敢轻易发表自己的意见，不敢轻易信任他人。但我们不能因为不敢说便将自己全盘否定。人无完人，并不是每个人天生都敢说会说。伟大如古罗马著名演讲家希斯洛，第一次在陌生人面前演讲时也害怕得脸色发白、四肢颤抖。

一个人要想让自己变得敢说会说，更加接近成功，就需要培养自信和勇气，鼓励自己多加尝试和练习。如果只是在想象中去害怕，那么永远也不会有在人前侃侃而谈的那一天。只有不断鼓励自己去尝试，去勇敢接受来自于他人的批评或者赞扬，才能更好地培养自己敢说会说的信心和勇气。当然，这个尝试的前提是必须要做好相应的准备，而不是不管不顾的盲目尝试，那只会让你更加恐惧，愈发不敢说。

谦虚低调，彰显人格魅力

在“第三届浙商大会”上，马云一出场就用一句话拉近了自己与听众的距离，他上来就说：“大家下午好，感谢大家的信任，当了官……”他是说自己被大家推选出来当了浙商的会长一“官”，要感谢大家的信任。这样的开场白恰到好处地把自己的形象给平民化了，让大家感到亲切自然，又能让人感受到一个成功者谦虚低调的人格魅力。

马云是全球上市公司阿里巴巴的总裁，是电商王国的缔造者，是企业家中的佼佼者，是很多人顶礼膜拜的英雄。但他的身上却没有傲气，而是时常透着一种平易近人的气度。他的说话中不带有批评、命令、说教的口吻，而是以老大哥、老朋友的身份与听众促膝谈心，共勉共进。

马云自信却不自负，狂妄却不傲慢，低调谦虚，待人以诚，是很多年轻人喜爱的公众人物。很多年轻人称马云为“外星人”，他也不生气，不责怪，反而“津津乐道”自己能与年轻人打成一片。这就是马云，一个走下神坛，平民化、大众化的“英雄人物”。

戴珊是阿里巴巴创业时期的十八罗汉之一，她对马云最深刻的印象就是他的自信：“无论什么时候看到他，你在他眼中看到的都是自信，我一定能赢的信心。你跟他在一起就充满了活力。”论自信，马云有足够的资本和实力，他比谁都有资格自信满满，可自信不是自负，他从不以自负的口吻教训人、批评人、指责人，相反，他对谁都充满敬畏之心。

不管在什么场合讲话，马云的第一句话经常是“感谢”，他没有上来就指手画脚，而是以感恩之心来表达自己内心的情感。“如果我们觉得，我们太能干了，这么有出息，那我觉得我们全错了。我要感谢的是这个时代，我们真的应该感谢这个时代，感谢中国、感谢互联网、感谢电子商务，当然也要感谢我们大家，我真的感谢你们。我们这些人在坚持，你们对我们的信任，你们对大家的信任，公司管理层对你们的信任，这些到现在终于收获了一些东西。”马云如是说。

“我不知道五年以后，在座的有多少人还会留在这里，我也不知道十五年以后有多少人还坚持留在这个公司。我希望有二十年的员工、三十年的员工，四十年的员工。我不知道会不会有。”

谦虚的人才会受人欢迎和敬重。马云把自己取得的成就归功于这个时代，归功于中国、互联网、电子商务，更归功于公司的员工。任何人在听到胜利者把功劳归功于别人身上的时候，都会由衷地觉得他们灵魂的伟大。

人人都知道，做人要低调，要谦虚，可真正做到的却少之又少。更多时候，我们只不过将其当成是给别人说教的一个语录式的口头禅，等到自己要面对类似情况的时候，早就忘了这句话所说的道理了。

谦虚之人没有盛气凌人的架势，却有自信伟岸的灵魂。这样的人总是低调地说话处事，为自己争取更多的生存和发展空间，同时，也赢得更多的朋友。同时，谦虚的人懂得换个角度看问题，常常能够看到自己的不足和毛病，然后就有针对性地改掉它。而一个自大的人则恰恰相反，他们常常发现不了自己的缺点和错误，满眼都是自己的优点。

在中国这样一个提倡含蓄内敛的国度，谦虚才是一种与人沟通的好方式。一个人是否谦虚低调，往往能从言谈举止中显示出来，马云说话时常常用微笑表达对人的尊重，用平易近人的口气显现谦逊的品质，用自嘲式的话语拉近与听者的距离。这就是马云，一个拥有很高的地位，很多的财富，很大的名声，却没有很大的架子，甚至可以说从来不端架子的人。他总是用平和的姿态去对待别人；他宣扬自己的理念，却很少炫耀自己的成就，这就是马云的聪慧之处。

有一次，有人问马云："马总你好，我在你的左手边，我来自于站长之家，我想代表站长讲几句。首先要感谢马总，阿里巴巴、淘宝和淘宝客给我们站长分了这么多钱，要感谢马总，感谢阿里。第二个是正式的问题，我不太知道马总是不是第一次参加这样的站长会议，我想问的第一个问题是，马总对于我们地方网站的站长的最初感觉是什么样的？对于我们这些生活在互联网生态圈最底层的站长有哪些建议？谢谢马总。"

马云回答道："我对你感谢我，我感到受宠若惊，我真是觉得我做阿里巴巴和淘宝客的时候，不管别人怎么看我们，我是真心觉得这正是做阿里巴巴的大好时代。跟阿里巴巴和淘宝客的人说，感谢这些站长。刚刚竞争的时候，没有小网站和站长们的支持，阿里巴巴就活不下来，今天淘宝大了应该做一些思考。所有的活儿不是我干的，是淘宝客和阿里巴巴所有的工程师做的，而且今天阿里巴巴的发展也超越了我的能力范围。很多人在网上表扬我，马云你怎么那么厉害，我真的不厉害，我真的不懂互联网。两年之前我知道会这么复杂的话，我可能就不会做支付宝了。无知者无畏，技术如此的复杂，我就做什么工作呢？坐在那里认真地观察，认真地听，有没有违背我们的使命和价值观，有没有违背我们答应的事情，就是做这个事情。包括了阿里巴巴和淘宝发展得这么大，我跟新华社的车社长说，我和我的团队是没有原因和理由获得成功的。

“在中国，我们成功了，要感恩这个时代，感恩互联网，感恩所有人的支持。我们希望做更多的事情来回报社会，我们自己是这么去想，才能这么去做事情。分钱给大家，是大家的劳动所得，跟我是肯定没有关系的。你把自己说是最底层的互联网生态圈，你认为是最底层的你就是最底层，你认为是最高层的就一定是最高层。我觉得站长们，你们是互联网最高层，因为你们让我们看到了希望。是我们所有在座的人的创新、创意，才让人们看到了我们还可以有公司超越腾讯，超越淘宝，超越阿里巴巴，还有机会跟谷歌拼一下，还可以诞生中国超越 Facebook 的企业。十年之前谁看好马云，谁看好阿里巴巴，谁看好淘宝？是我们自己相信我们可以，我们才发展起来的。”

在这段话中，马云的谦卑之心暴露得淋漓尽致，他不居功，也不自傲，反而把功劳归于他人——“所有的活儿不是我干的，是淘宝客和阿里巴巴所有的工程师做的，而且今天阿里巴巴的发展也超越了我的能力范围”。

马云能看到别人的好，对合作伙伴、员工和客户都怀着一颗感恩之心，这种胸怀本身就是一种博大的胸怀，透着一种大气的人格魅力。也正是因为这点，才有那么多人愿意跟马云做生意。因为一个谦虚的人，一个对别人始终心怀感恩的人，一定是懂得替别人考虑的人，跟这样的人在一起会更加舒心。

人们之所以喜欢马云的演讲，除了他的确拥有超凡的好口才之外，更主要的是因为他自信却不失谦虚的人格魅力。这种人格魅力中透露着他不卑不亢的气质，自然让不少人追随。

尊重别人，亦是尊重自己

2008 年 4 月的时候，马云在湖畔学院发表三期讲话。由于连续的长途奔波，马云没有准时到达演讲的现场，等他来到现场的时候，大家都已经在这里等候好长时间了。

面对众人，马云首先为自己的迟到做了解释：“不好意思让大家久等了，说好四点半的。这趟确实跑得比较远，后面我会跑得更多点。这次我从北京去了博鳌论坛，龙永图本来就是我们的董事，他说 APEC(亚太经济合作组织) 有你，达沃斯有你，博鳌更应该有你，龙董说了这句话，那还是得去。

“去的人比较多，各国领导人去了十个，这次我想阿里巴巴影响越来越大，外界对我们的关注也是越来越多，我参加了两个论坛也都是被龙董叫去的，我本来不想做任何发言，不想说任何话，但是龙董说改革三十年每个人都要讲。”

“每个人都把自己三十年前和现在的照片挂在墙上。我没有带照片过去，我想再过十年挂到墙上去。改革头十年，改革后十年，改革再后十年，我们算哪一年？头十年中国是接受改革开放的思想，后面两个十年是中国融入世界经济，特别是最近十年，中国企业走出去了。”

对于自己的迟到，马云没有依仗自己的地位表现出无所谓的态度，而是第一时间给大家一个交代。首先，他向听众表达了自己的歉意，紧接着，马云运用自己的马氏幽默，再次为自己的迟到做出了一番解释，希望得到大家的原谅。马云用这样诚恳的语气跟大家道歉，试想，还有谁会埋怨他呢？

其实每个人都希望得到尊重，所以，任何时候都不要给自己树立优越感。和别人交谈的时候，要时刻考虑对方的感受，如果只是将重心放在自己身上，会让人心生讨厌，让谈话变得单调无趣，会让对方感觉到自己没有得到尊重。

戴尔·卡耐基曾说过：“人类中有一条重要的原则，如果你遵守，它就会为你带来快乐；如果你违反了它，就会陷入无止境的挫折中，这条法则就是尊重他人，满足对方的自我成就感。”卡耐基认为打动人心的最佳方式是尊重别人，让对方认为自己是重要的人物，满足他的优越感。

2001 年的时候，阿里巴巴在温州举行了一次会员见面大会，马云做了精彩的演讲。他是这样开头的：“今天是星期天，大家能够光临，我代表阿里巴巴的员工表示衷心的感谢！”马云以感谢的话开头，这也表示了他对别人的一种尊重，这种尊重其实也赢得了别人对他的尊重。尊重是相互的，经常表达对别人的尊重是一种修养和胸怀，也是让别人接纳自己的一种方式。

一位女秘书很漂亮，也很喜欢穿衣打扮，但工作的时候却十分不细心，经常会发生一些小错误，领导对她的这个缺点很不满意。

有一次，领导让这位女秘书做的一份文件又出现了一些错误。于是，他十分客气地对秘书说道："你人长得很漂亮，穿衣服也很漂亮。但我希望你做的文件能像你本人一样可爱漂亮，特别是文件中的标点符号，我希望它像你一样可爱。"

这位女秘书听完之后感到非常惭愧，而且对这位领导给的意见的印象也非常深刻，从此以后，她所有的文件几乎都很少出错了。

用尊重的语言对待他人，会让对方觉得你不仅有礼貌，言谈举止得体，而且还会认可你的人品。除此之外，当你能真心地尊重和欣赏他人的时候，你便会去学习别人的优点，克服自己的弱点，使自己不断完善和进步。

常言道："良言一句三冬暖，恶语伤人六月寒。"在人与人交谈的时候，人们说话的立足点和出发点本来是友好的，但由于不注意说话的口气，就会导致很多无谓的误解和争端，这就是我们常说的"祸从口出"。

说话是门艺术，它可以体现一个人的品格和修养。两岁以上的孩子都会说话，但是如何说别人喜欢的、爱听的话就不是一件容易的事了。说话的口气显得至关重要。在人与人的交往与交谈中，要使别人尊重自己，必须先尊重别人。那该怎样去做呢？

1. 勿当面揭人的短处。常言道："打人不打脸，骂人不揭短。"每个人都有各自的隐私、短处和缺点，如果当众把别人的缺点和隐私揭露出来，那势必会伤到别人。

2. 要懂得赞美。对于他人说的一些话、做的一些事情或者是一个动作，只要是对的，都要学会去赞美别人，这不仅是对别人的一种肯定，也是对他人的一种尊重。只有你先表达了对别人的尊重，这样，别人才会更加尊重你。

3. 多用征求的口气说话。和别人交谈，凡事不要用命令式的口气，因为很少有人愿意被命令着去做事。命令意味着在你的眼中，他们不重要，比你低一等，所以要学会多征求他人的意见和建议，以商量的语气进行交流。

4. 学会向他人请教。“三人行必有我师”，如果你用请教的口气，向别人请教知识和经验，他肯定会很乐意帮助你，这不仅表示了你对他的一种尊重，而且也可以表现你对他这个人的知识和能力的肯定。

“敬人者恒敬之，爱人者恒爱之”“人敬我一尺，我敬人一丈”，不应以伪善取悦于人，更不可以富贵骄人。对人尊敬与友善，这是处理人际关系的一项重要原则。尊重是人与人之间沟通的桥梁，是维持良好人际关系的基础，而学会尊重应从说话客气、礼貌待人做起。

主动沟通，占据先机

马云创业语录中，有这样一段话广为流传：“我想告诉大家，创业、做企业，其实很简单，就是要有一个强烈的欲望。就是说：我想做什么事情？我想改变什么事情？当你想清楚之后，你要永远坚持这一点。为什么我的座右铭是永不放弃？因为这世界上最大的失败就是放弃，放弃其实是最容易的。所以我想讲的是，活着就是胜利。这个世界上最痛苦的是坚持，而最快乐的也是坚持。”

在这段话中，马云的气场体现得淋漓尽致，他上来就用了一句“我想告诉大家”这句极尽霸气而又非常强势的语句来为自己造势。这样的话带有明显的主观性，却能自动将人带入他所设置的语境中去。

简单阐明自己的创业目的后，马云又相继提出了“我想做什么事情”“我想改变什么事情”以及“为什么我的座右铭是永不放弃”三个问句，并紧接着给出了自己的答案。三问三答间，将听众的注意力牢牢掌控在自己手中。最后再次突出强调“我想讲的是……”这一主题内容，加强听众记忆和演说效果。

在讲话中，如果能够自然地掌控讲话的主题、节奏以及方向，就能占据沟通先机，这对实现个体的沟通目的能起到事半功倍的效果。要想掌控对话主动权，除了像马云一样单刀直入式的强势做法外，还可以采用以下几种方法：

1. 苏格拉底式“问答法”。顾名思义，这一问答方法由古希腊哲学家苏格拉底所创立。作为掌握说话主动权最简单的方法，“问答法”主要强调的是：与他人对话过程中，先尽力引导对方说“是”，着重强调双方间的共同之处，使其情绪和心理整体趋于放松状态，再慢慢转向自己的观点，掌握主动权，使对话朝着有利于自己或者预期中的方向发展。

下面举一个例子进行说明，连续三年时间，某图书销售公司的“最佳销售员”职位一直被业务员程某所占据。当别人要求她分享销售经验时，她说：“很简单，只要将对话的主动权牢牢把握在自己手中即可。”这天清晨，她来到某户人家门前，开门的是一位漂亮的太太。

程某说：“您好，孩子们都上学了吗？”太太说：“是的。”程某说：“他们都上几年级了？”太太说：“五年级和二年级。”程某故作惊讶道：“简直无法相信。您看上去依然是这样的年轻漂亮。我想，您的孩子们一定也像您一样聪明好看。”太太不好意思地笑了笑，看上去十分开心。

此时，程某话锋一转道：“我想，那么聪明的他们一定也很喜欢看书。”太太说：“是的。”程某说：“这都要归功于有您这样一位聪慧漂亮的母亲的教导。是这样的，我是一名图书促销员，今天刚好带了几本适合儿童阅读的故事书，相信他们看到后一定会爱不释手的。”

正是因为程某很好地掌握了苏格拉底式“问答法”的精髓，并将其运用到促销过程中，才使得她在整个促销过程中很好地控制了对话的走向，将自己始终置于交流的主动地位。反观她的同事们，敲开一扇房门后，大多都是直接向对方询问“您是否需要购买图书”等诸如此类的问题，将选择权完全交到了对方手中，由对方决定是否继续进行这段对话，自然也就很难售卖成功。

2. 多使用开放式问句，寻找对方感兴趣的话题作为突破口。从某种意义上来讲，这一方法同“问答法”有异曲同工之妙。两者都是采用问问题（多为开放式问句）的方式，给对方营造出一种自己掌控对话主动权的错觉。

但不同之处在于，“问答法”中的问句必须遵循先“是”后“否”的提问规律，是为了让对方放松警惕；开放式提问的目的除了让对方放松警惕之外，还为了尽可能多地了解对方的信息，从中寻找对方感兴趣的话题，接触对方的心理防线，并以此作为突破口，慢慢转移对话的重心，使对话走向自己期待中的方向。

3. 及时插入话题，把控对话节奏和走向。需要注意的是，在整个过程中，无论是向对方进行提问，还是将话题转向有利于自己的方向，都要讲求顺势而为，要针对交谈的对象、话题、所处情境等具体问题具体分析，善于根据情况及时调整方法，不可太过刻意和做作，也不可生搬硬套。

总而言之，要想使对话的效果最大化，就看对话双方谁先掌握主动权，占据沟通先机。毕竟有了主动权也就意味着在对话中具备了更多的话语权，更容易使对话朝着有利于自己的方向发展。值得一提的是，要想运用上述方法达到掌握主动权这一目的，首要前提是，明确并时刻牢记自己的对话目的。

运用肢体语言，增强感染力

马云的肢体语言非常丰富，一场演讲，几十分钟或几个小时，他的肢体语言都一直交错重叠地上演。他一会儿皱眉，一会儿挥手，一会儿摆手，一会儿来回走路，一会儿微笑，一会儿低头，一会儿抬头……

毫无疑问，马云是一个非常善于在沟通和演讲中运用肢体语言的人。仔细观察研究他的每段演讲视频可以发现，基本上他所说的每句话都有不同的，且与之相对应的肢体语言出现。口头语言与肢体语言的完美配合，使得马云的演讲变得极具感染力和煽动力，实现理想演讲效果的同时，也给人们留下了非常深刻的印象。

比如，某演讲现场，马云："我知道我的职责是给大家讲实话，我想把自己这两年创业的一些经验，跟大家做一个分享（面朝听众，双手自然垂立在身体的两侧）。未必是对，但是确实是我做过的（右手抬起至胸前位置，上下微微晃动，眼睛瞪大）。我有时候说，我讲话一个很重要的特征（突然左手也举起，并将双臂伸直支撑于演讲台前，头部有轻微上扬），我讲话不是为了讨大家喜欢（头部略微后倾，眼睛瞪大），也不是为了人家讲的‘语不惊人死不休’（双眉上扬）。我讲话不一定对，但一定是真实的，一定是我自己想的（右手放在左胸口位置且伴随讲话的节奏轻轻拍动胸脯，有轻微点头动作）。”

在上述这一小段演讲视频中，马云先后使用了“双手自然垂立”“举起左手上下晃动”“眼睛瞪大”以及“右手轻拍胸脯”等一系列截然不同的肢体动作来充实和丰满自己的演讲。其中，在他讲到“我讲话一个很重要的特征”这句话时，他突然抬起原本垂立的左手将其同右手一起支撑于演讲台前，且双臂伸直，头部有轻微上扬，这些均表明他对自己充满自信，且已经做好了接下来同大家详细剖析自我的准备。

不只是马云，世界上很多名人和演讲大师们在做演讲时，都会借助于肢体语言来加强演讲效果。甚至有些演讲大师曾说：“肢体语言是演讲者的第二张脸。”肢体语言除了在演讲中被得以广泛应用和重视之外，它在人们日常的沟通和交流，也同样起着至关重要的作用。

所谓肢体语言，是指非词语性的身体符号。不同于口头语言，肢体语言传达信息的载体主要包括目光、面部表情、身体触摸与姿势、身体间的空间距离等。肢体语言作为个体间传递信息的重要方式之一，即使对话双方都不说话，也可以借助肢体语言去探知和了解彼此。肢体语言主要具有无意识性、情境性、可信性以及个性化等特点。其中，无意识性是指它并不受个体自己的主观意识所控制，而是来自于个体对外界刺激的直接的、无意识的反映。正如著名精神分析学家弗洛伊德所说：“没有人可以隐藏秘密，假如他的嘴唇不说话，则他的指尖会说话。”

情境性则是指即使同样一个肢体动作，放在不同的情境下也有着不同的含义。比如，同样是竖大拇指的动作，在中国表示赞赏，但在美国则被视为“搭乘便车”的手势。因此，这就要求人们能够在运用肢体语言进行表达或者借助肢体语言进行猜测时，能够率先了解彼此间的肢体语言的含义，以免产生误解。

那么，在对话过程中，人们应当如何巧妙地利用一些肢体动作去强化沟通的效果呢？具体如下：

1. 有意拉远双方间的距离，可提升气势。一般来讲，如果在对话中想要向对方施加压力，提升气势，可以通过身体后倾、后撤椅子、故意在双方间设置衣物、书报、背包等方式增大和对方的距离，向对方施加一定的心理压力。

创业初期，为了向员工们彰显自己的亲和力，高峰没有购置专门的办公桌，而是每天和员工们坐在一起，讨论交流。一段时间过后，他发现自己的亲和力在提升，但威信力却在大幅度下降，有些员工甚至对他的话置若罔闻。

在大量阅读了员工管理学的相关书籍后，他从购置一张宽大的专属办公桌开始做起，向员工们无声地传达了“我是老板”的信息，从而提升了自身气势和威信力。

2. 运用“镜子连环”效果，快速博取对方好感，取得对方信任。所谓“镜子连环”效果，是指两个以上的人做同一个姿势。也就是说，一个人有意识地去模仿另一个人的姿势动作。

无论是日常对话还是商务谈判中，模仿对方的姿势可以快速引发对方的强烈共鸣，博取对方好感并取得对方信任。此外，除了模仿姿势外，还可以模仿对方的表情、言语表达方式等。

3. 轻触对方膝盖，可委婉表明心中的歉意。如果对话过程中有冒犯对方或者让对方不悦的情况发生时，个体可以微微向前倾斜身体，并伸长手臂去轻轻抚摸对方的膝盖，以此让对方感受到自己的低姿态，表达心中的歉意。

这主要是因为，相对于脸、肩膀以及手臂等较为敏感的身体部位而言，身体前倾并触碰膝盖这个示弱姿势不具备太多的侵略性，更容易被对方所接受。值得一提的是，这一肢体动作多适用于彼此间较为熟悉的恋人、亲人以及朋友等。

4. 主动起身、频繁看表、左顾右盼，意味着想要结束当前对话。对话中，如果一方谈兴正浓，一方想要中断对话却又不好意思直接告知时，通常会借助于主动起身、频繁看表（手机）、左顾右盼等肢体语言来给予对方暗示。

因此，假如个体在某场对话中看到诸如上述肢体动作时，可以考虑并反思是否自己说话太过啰嗦、跑题严重或者对方对当前讨论话题并不感兴趣等，并及时转变话题，甚至中断对话。

Chapter 04

机敏睿智，奇特灵活

——自如应答的艺术

聪慧机智，敢于自嘲

马云有着天马行空的哲思，抛却成功企业家的身份，在参加访谈节目以及演讲问答时，马云又被贴上了聪慧机智的“标签”。《对话》栏目录制现场：

主持人：欢迎大家来到《对话》节目的现场，今天我们要对话的嘉宾你们一定非常熟悉，来看一看。你能够马上叫出他的名字，对不对，马云。这是他在福布斯杂志上所刊登的一张封面照片，今天趁他还没出现我们的对话现场，我想让现场的各位来畅所欲言一番，到底提到马云这两个字，你对他的印象是什么？

观众：我觉得马云可以用“怪”来形容，然后第二个字是“丑”，但是第三个字是“强”。

观众：一提马云我就想到了，他是“外星人”在中国做买卖的一个成功的典范。

观众：他在 90 后心目中只能用偶像来形容，而且不是一个普通的偶像。

主持人：你如果找男朋友的话会找马云吗？

观众：不找马云。

观众：马云特别像一个外星人，我也觉得我像外星人，是否今天让马总确认一下，我是否跟他是一个星球的。

主持人：那到底马云真实状况是什么样的，如果你看了今天的对话，我们将还原给你一个实实在在的马云。欢迎马云。

马云：我刚才在听，好像马云死了以后，大家在念悼词。

面对观众肆无忌惮地谈论自己长相酷似外星人的评论，马云不仅没有愤然离去，反而在现身后机智调侃刚才的评论为“好像马云死了以后，大家在念悼词”，瞬间引起录制现场哄堂大笑，调节现场气氛的同时，无形中也淡化了人们对自己长相的关注。

由以上的事例可见马云的机智。他仅仅依靠在后台听到的几句话，便做出了许多文章，使得现场气氛无比轻松愉悦，也让人感受到一位成功企业家的胸怀与智慧。

聪慧机智在对话中最明显的体现便是：能够根据具体的情境随机应变，特别是在遭遇尴尬氛围时，善于运用一些技巧来化解，比如自我解嘲、说几句幽默轻松的话、转移话题等。这些都需要一个人具有强大的心理素质、绝佳的反应能力、极富幽默感以及乐观豁达的心态，还要求个体应当是一个真正自信的人。

只有一个真正自信的人，才敢于包容众人悠悠之口，才能坦然面对来自他人的恶意攻击，才不会极力遮掩自己的丑处，才能够通过放大自己的失误、不足甚至生理缺陷等方式“开涮”自己，接近众人。毫无疑问，马云正是这样一个拥有绝对自信的人。

仍然是《对话》栏目录制现场，主持人听到马云调侃大家“像在念悼词”后，故意再次将话题拉回马云的容貌问题上，并向其询问道：“有一个人有强烈的愿望，他说他是外星人，他想征求一下你俩是不是一个星球来的，他刚才这么说了，就是他。”

马云：你们说我特别像外星人，你们都见过外星人吗？（现场笑声一片）

观众：像我二十几岁才长成这个样子，那你挺帅的。

马云：我觉得我当年长得也挺帅的，现在我看小时候长得也很不错，但是后来越来越变成这个样子。

主持人：我觉得还有一个人需要回应一下，就是这个90后的女孩，我说一旦你要找男朋友的话。

马云：我听见了，不。

观众：驾驭不了，您说像我这样的女孩跟您在一块儿，您得在外边找多少个呀。

马云：她想得真多。小女孩记住，千万不要驾驭一个男人。一个女人最幸福的是被人驾驭。

正如马云懂得在适当时候“幽自己一默”，拉近与人们之间的距离一样，上海大学教授姚明晖也曾借助于自嘲的方式赢得了学生们的尊重和敬意。

姚明晖教授身体瘦弱却总是喜欢穿一身宽大的袍子。每逢天气转冷时，头戴大风兜的他从远处看起来唯有一副眼镜、一个尖鼻子和一小撮胡须露在外面，模样颇为滑稽。

这天，姚教授照例穿着宽大袍子，戴着大风兜走进教室，转身看到黑板上赫然有一只人面猫头鹰的卡通画作。其中，猫头鹰的脸庞活脱脱是姚教授的翻版。望着眼前的这幅影射漫画，姚教授知道这是来自于学生们的恶搞。如果他现在发脾气，非但不能改变当前这一状况，反而很有可能使得师生关系由此转为恶化。

一番思索下，姚教授拿起讲台上的粉笔一笔一画地在漫画旁写道：“此乃姚明晖教授之容也。”等着迎接姚教授一通批评的学生们呆愣片刻后，全部不约而同地鼓掌表示自己内心的歉意以及对姚教授敢于自嘲的这一举动的敬佩。

日常人际交往中，聪慧机智的人总是更加容易受到来自他人的青睐，自然也就拥有更多的朋友和机缘。毕竟，没有人愿意长久同一个呆板无趣、郁郁寡欢的人进行交谈。

不按套路出牌，风格独特

齐白石曾经说过："学我者生，似我者死。"唯有风格独特、超越前人才能拥有属于自己的一席之地。沟通中也同样需要人们具有自己特有的个性色彩，只有这样才能吸引别人的注意，并给人留下深刻的印象，进而打动人心。

马云就有其独特的个人风格，豪气、利落、有力、幽默都是他的个性色彩，但是最关键的一点就是他说话、办事从不按套路出牌。马云曾经说过："演讲最忌讳的就是套路。"

2009 年，全球经济陷入危机，许多公司裁员减薪，马云却要给员工加工资，他这样说："我觉得给员工加工资不应该跟外部经济形势挂钩，他干得好，你承诺过他的就应该给他，但如果是外面经济形势非常好但他干得不好也不能加，加不加工资跟外部经济形势是没关系的，不能说今年经济形势好、股票很好，大家都发点奖金吧。企业应该坚守承诺，你答应员工的事情就全力做好，除非公司实在不行，我认为我们去年的业绩、产品各方面都不错，一切都很好，我们应该给员工年终奖，并且给优秀的员工加工资。”

不管做事还是说话，马云一贯不拘一格、不按常理出牌，在与他人交谈或演说时，他常常打破一些规则，说出令人意想不到的话，自从我们知道马云以后，我们总能听到他的种种惊人之语：

“男人的长相往往和他的才华成反比”“租单元楼是王道”“免费是世界上最昂贵的东西”“别把飞机引擎装在拖拉机上”“今天很残酷，明天很残酷，后天很美好，但绝大部分人死在明天晚上……”

马云的思路与常人不同，他甚至这样说：“经济利益我很少考虑。我们想创办一个中国人创办的全世界最好的公司，我们不想做商人，我们只想做企业。生意人以钱为本，企业家为社会创造价值，影响这个社会。”

我们再来看看在回答记者采访时，他的奇妙讲话（马云做客《财富人生》的时候，与主持人有这样一段对话）：

叶蓉：说起来我觉得很风趣，前段时间我在跟前程无忧的CEO甄荣辉聊天，他就说起来，其实前两年做互联网日子很不好过，但是突然地好像互联网的春天就来了，比如像网易、新浪都宣布盈利，我想打听一下阿里巴巴目前的经营状况如何。

马云：其实我觉得人家觉得互联网的春天来了，我并没有觉得有互联网的春天来了，其实我自己这么看，我们天天准备着冬天，我希望冬天越长越好。

叶蓉：怎么会这么讲？

马云：首先我是个乐观主义者，我觉得有冬天就一定有春天，有春天一定有冬天，不会一年四季如春天，如果是那样的话就会过腻的，对不对？人也会生病，对吗？然后我觉得在冬天的时候不一定人人都会死，在春天的时候也不一定人人都会开花结果，所以我觉得任何一个产业都有这样的过程。所以，今天大家都好了，我反而更加警惕。大家好了不等于我会好，在以前冬天的时候大家都不好，不等于我们不好。其实阿里巴巴现在经营得一直不错，今年的利润应该在一个亿以上，所以整个公司已经开始慢慢地进入一个比较好的（状况）。

马云说话时，似乎总是不走寻常路，甚至是反其道而行之，但人们却愿意买他的账。这主要是因为他的话能带人进入一个非同寻常的情境之中，给大家新奇之感。

在围棋和象棋中，我们发现围棋与象棋最大的区别就是，围棋的变化要远胜于象棋的。围棋的局永远都在执棋者心中，且每一步都有不同的变化，因此没有谁可以猜到最后的结局。创新和个性是这个社会崇尚的东西，另类是生存和发展的绝好盾牌，说话同样如此，不按套路出牌，才能引起他人的注意，达到沟通的良好效果，不然简单地模仿他人的说话技巧只是鹦鹉学舌。

不按套路出牌也是美国前奥巴马制胜的秘密武器。在竞选总统时，奥巴马在费城发表演讲《一个更完美的联邦》。他上来就说了一句话："对不起，我不能跟那个黑人牧师断绝关系。"台下的观众顿时被他的话惊讶得鸦雀无声，大家都不知道他在说什么。接着，他又说："正如同我不能够断绝我和我的白人外祖母的关系是一样的，我的外祖母从小把我带大，她是一个白人，可是她也常常告诉我，她有多痛恨黑人。因此，我要接受我的外祖母，就要接受我的牧师，因为那都是美国的一部分，是我不可能脱离的。但是这个牧师犯了一个错误，不是他偏激的种族言论，这不是他最大的错误，他最大的错误是他忘了美国是一个不断进步的国家，美国是一个会改变的国家。"

从一开始的"接受"到最终的"改变"，奥巴马把一个正在改变的美国以及自己将要致力于改变美国的决心向大家做了表示，"改变"这个词就是他竞选的纲要。奥巴马的演讲获得了人们的赞赏。

标新立异者才能在这个多姿多彩的世界打造出属于自己的一片天地，不然只能被大多数雷同的事物掩盖住。说话同样如此，学会变化，学会创新，才能形成自己的特色，并通过话语去达到自己的目的，进而影响别人，获得我们想要的东西。

想要成为一个讲话高手，不一定要学习马云的风格，但一定要有自己的风格。

说话富含哲理，让人信服

马云在演讲中，总会说一些富有哲理的话语。比如，在一次浙商论坛上，他说："失败的人总是怪别人，成功的人则是总在怪自己。"

他又说："所有的失败者永远在怪别人，一会儿怪政府，就像打高尔夫球一样，不行的就怪天怪地，怪杆子不好，怪球童走路太响，反正他们都会怪，都不会有出息。"

2010 年 9 月 10 日至 11 日，第七届网商大会在杭州市"浙江省人民大会堂"召开。在现场的提问和回答环节，有一位网商问马云："在企业发展空间受到限制，未来之路不清晰明确的时候，我们应该何去何从？"马云则回答了这样一段话：

工作本身是没有意义的，是你赋予了它意义。同样是在唐人街造房子，有的人说我在堆砖头，而有的人则说外交部的哪个窗户、哪个墙是我建的，那么后者就会感到特别的自豪和骄傲，所以说，工作的意义是自己给的。

今天早上我还和同事讲，即使开一个馄饨店我都高兴，我就是不加味精，就是让客户爽。开面店的人去和盖茨比谁有钱，你基本要虚脱掉。但在这个行业里，你发现其他人都死掉了，我还活着，而且我在不断地创新，我又从里面找到乐趣。在座所有的创业者，我的建议是你做任何事不要因为钱，而是因为热爱，因为激情，因为你真正好这口，那你一定幸福。

这段话看上去似乎很平常，但听者却能有一种醍醐灌顶之感，让人当场就茅塞顿开。这就是马云讲话的艺术，他总能把一些简单的话说得富有哲理，似乎他就是先知转世，他说的每句话都是真理，都能让人情不自禁地去信服。而听众也能从他的讲话中悟出一番道理，因为他的话的确非常富有哲理。

我们再来分析一下马云的上述这段回答，当面对别人向自己请教解决问题的方法时，马云没有以一个“过来人”“老师”“前辈”的口吻去“指示”和“教导”，而是以非常平和亲切的话语去“暗示”“感化”。在这段话中，他上来就说了一句“名人名言”——“工作是没有意义的，是你赋予了它意义”。他没有很明确地告诉对方应该怎么做，如何解决别人对未来感到迷茫的问题，而是用富有哲理的话让人自己去感悟，既亮出了自己的观点，又暗示了“只要认识到工作的意义所在，就能解决当下的迷茫问题”。

是的，马云没有告诉对方如何“一二三四”具体地去做，而是用举例“自己开馄饨店不加味精”的“梦想”让对方懂得工作的意义是什么。有些话说得太透，太过直白，听者不一定听得进去，而暗含哲理的话有时却能收到更好的效果。

接着，马云又说了一句富有哲理的“名人名言”——“开面店的人去和盖茨比谁有钱，你基本要虚脱掉”。马云没有说“你和盖茨比，谁更有钱呢？”显然是他，不是你。同样一个意思，不同的表达方式说出来，就可以收到不同的效果，而富有哲理的话往往能让人不由自主地去信服。

当说完了这么多“名人名言”之后，他终于给出了自己的建议：在座的所有创业者，我的建议是你做任何事不要因为钱，而是因为热爱，因为激情，因为你真正好这口，那你一定幸福。这样的收尾没有盛气凌人的“教导”，而是在平和的语气中给予了人们感悟、思索的空间。这就是哲理带给人们的思想高度。

哲理令人信服，令人深思，令人奋进，马云常常用富有哲理的话来告诫人们哪些弯路不能走，哪些错误不能犯。人们对于真理总是深信不疑，这是因为真理是从很多人的成功与失败的经历中总结出来的。马云巧妙地利用了人们坚信真理的这一心理，将自己的经历、教训、心得用哲理性的语言进行传达，往往能收到意想不到的效果。

马云还说：“免费是世界上最昂贵的东西！”这也是一句非常典型的哲理之言，它的意思与人们的常规想法正好相反，如果不细细揣摩，还真难以把其中所蕴含的意思理解透彻。

“人要被狠狠 PK 过，才会出息！”这也是人们总结的出自马云之口的经典语句。此外，像“不管你拥有多少资源，永远把对手想得强大一点”“这个世界不是因为你能做什么，而是你该做什么”“一个好的东西往往是说不清楚的，说得清楚的往往不是好东西”这些都是马云口中的哲理之言，它们已经成了当下的年轻人口口传诵的经典语句。

引经据典，有理有据

引经据典，是指用公认的道理、原则做论据来证明自己的观点正确的方法。当人们想要更加透彻地分析问题，更加充分地论述道理的时候，总会借助于经典故事或话语来为自己的论述增加科学性、可信度和说服力。

引经据典的范围通常包括名人名言、古诗名句、谚语格言等。当人们在文章写作中引经据典时，就能使文章标新立异，充满文学气息且增加文章的厚重感；当人们在与他人对话和交流时，适时地引经据典，则会给人以博学、通达，充满智慧的印象，同时也就更有利于实现阐明自我观点，说服他人之目的。

公众场合中的马云，总是思维敏捷、能说会道，谈论起事情来更是口若悬河。无论是公众演讲抑或面对记者提问，他总是游刃有余，经典故事和语句更是信手拈来。下面就以马云 2008 年新春的一篇演讲稿为例，看看他是怎么在演讲中引经据典的：

第一，在讲到“2008年要准备好过冬”时，马云指出：“2008年对阿里巴巴来说是一个艰难的年份。大家可能觉得2008年是一个好年，是中国奥运年。但根据我们对整个世界经济和中国经济的判断，阿里巴巴在2008年是老鼠年，我们的战略是‘深挖洞、广积粮、不称霸’；我们2008年将做强、做深，不做大；我们不会往横向规模扩展。2008年是夯实的一年，要把业务做扎实，把客户服务做扎实，阿里巴巴发展史上逢单出击、逢双练功，2008年我们不应该把自己弄得非常响，我们要低调处理。2008年要准备好过冬。”

“深挖洞、广积粮、不称霸”这句话最初源自明朝建国前，朱升被朱元璋召见并询问当前形势下应当怎么办时回答道：“高筑墙，广济粮，缓称王。”随后，1972年12月10日《中共中央转发〈国务院关于粮食问题的报告〉的批语》中，毛泽东引用了这一历史典故并结合中国当时所处的国内外形势和所坚守的社会主义制度和无产阶级立场，将其进一步确立为“深挖洞，广积粮，不称霸”。

上段对话中，马云结合全球经济遇冷的总趋势以及阿里巴巴在2008年整体趋稳的发展战略这一实际情况，再度引用毛泽东同志的批语，借助于“深挖洞，广积粮，不称霸”的典故，点明了阿里巴巴在2008年“做强、做深，不做大”的战略目标。

第二，在阐述阿里巴巴的六大价值观时，他将其形象地形容为“六脉神剑”，以此比喻阿里巴巴价值观虽然简单，但如同段思平所创的“六脉神剑”一样功效卓著，有利于增长“人体内力及耐力”，为阿里巴巴的扩大发展打下深厚的“内功基础”。

第三，在论述六大价值观中的“敬业”时，他提及美国通用电气公司和西门子公司竞争很激烈。激烈的程度甚至发展为两个公司的人哪怕在各自都从本来的公司离职后，也不会前往对手公司工作。他以此经典案例告诉人们，自己一直强调的职业道德是什么样，以及人们应当怎么坚守自己的职业道德。

第四，在论述“使命感”这一价值观时，他明确表明当阿里巴巴成为行业第一后，自己正是凭借着强烈的使命感做出了随后的一系列决定。为了证明自己这一论调的可靠性，他相继以爱迪生凭借“让全世界亮起来”的使命发明了灯泡、丰田公司一名退休员工路上偶遇 TOYOTA 车子的雨刮器坏掉了，便自动上前维修等事例来表明价值观、使命感和企业文化对一个人和企业的重要性。

马云在演讲、访谈和讲话中不断地引经据典来验证、强调自己的观点，以此给人留下了非常睿智、博学的良好印象。

在对话、演讲和沟通中引经据典固然能起到绝妙的交流效果。但同时需要注意的是，引用的理论资料必须精准、精确，一定要做到少而精，不可连篇累牍、张冠李戴；对所引用的资料要理解正确，做到有针对性的应用，避免断章取义或牵强附会；引言应具有权威性使人更容易信服；引用方式要富于变化，可多种方式交替使用，避免对方产生听觉疲劳。

最重要的一点是，引经据典只是沟通的方式之一，不可在同一沟通场合频繁使用，也不可同一经典在不同场合频繁使用，否则，非但无益于预期中沟通效果的实现，反而容易给人故作卖弄之嫌。

先顺后逆，灵活辩驳

要想判断一个人的情商高低，除了看其说话做事是否具备同理心，懂得照顾对方感受等方面之外，还要观察其在同他人产生不同意见和见解时，是否懂得退让的艺术。特别是在遇到对方的故意刁难或者带有明显攻击性和指向性的问题时，先顺后逆就显得尤为重要。

2012年，在接受《时尚先生》记者访谈中，马云就曾巧妙地借助“先顺后逆”这一说话技巧对记者提出的诸多迷惑性问题进行了巧妙反击：

记者：你一直在歌颂小公司，但阿里是个大公司，这，感觉会矛盾吗？

马云：我自己觉得，歌颂小公司是因为这是我的理想。今天阿里是个相对而言比较大的公司，这是我们的现实。我的理想是相信小公司。事实上，我们自己对自己的拆解比谁都快。淘宝，我把它拆成了四家公司。很快，又有几家公司要拆。我们已经拆出十家公司了。而且，我们也不算是集团式的管理，我们现在的管理更像一个组织。我们更像是一个生态系统，养出各种各样的小鸟、小猫、小狗。我们希望这个社会环境出现这种状况。大和小，怎么说呢？我们歌颂公园里各种动物，但是这个公园如果很小是不行的。我们今天是个生态系统，不是一家大公司。阿里在建设的是一个生态系统，是一个真正“ecosystem”。

上述这段对话中，马云先顺从记者的问话，承认阿里是大公司和自己歌颂小公司的事实。然后悄然掉转话锋，表示“我们对自己的拆解比谁都快”“我们不算是集团式的管理”“我们的管理更像一个组织和生态系统”，最终引申出“阿里不是一家大公司，而是一个生态系统，那些被歌颂的小公司则是归属于这个生态系统之下的各种动物”这一最终结论，巧妙地回答了记者的提问，同时也向记者鲜明地表明了自己的观点和态度。

随后的访问中，记者继续就价值观这一问题向马云提问道：“我的理解是，阿里的价值观，全世界人都是认同的。但是他们会怀疑，他们会觉得阿里把价值观当作借口，当作一个随时可以用的武器，来对付任何我们觉得不舒服的事情和人。无论是铲除异己还是……”

面对记者问话中的意犹未尽和别有深意，马云仍然先肯定表示：“这个是很正常的。有个别的人，甚至是少部分这样的人有这样的看法，我觉得也正常。别人要说你铲除异己，我们公司有没有？有！”

随后马云又坚决否定：“但我马云从来没有用价值观铲除异己过。如果我有，那下面一定变形了。我没有，不等于下面不变形。我没有用价值观铲除过异己以及我的敌人。下面的人，我直接管的人没有。再下面有没有，哎呀，有可能。但绝不等于这家公司的主体是这样。”

所谓先顺后逆，是指在对话中产生分歧时，先顺应对方的观点并对其加以肯定，待对方情绪稳定后再表明自己的不同立场或观点。这样做是为了避免针锋相对、鱼死网破局面的发生，使对方处于一个较为平静、理性的情绪状态下进行思考，这不但保全了对方的自尊，也最大限度上避免了抵触、反抗情绪的产生，以使对话能够顺利进行，甚至取得意想不到的良好效果。

先顺后逆并不在于说话力度的强弱，关键在于对说话方式和时机的把握。面对一些难以回答、不愿提及或者带有明显攻击性的问题时，既不能沉默以对造成误解，更不能正面交锋授人以把柄。因此，如果回答者能够及时把握对话时机，采用先顺后逆的说话方式，将如马云一般使得对话效果事半功倍。

此外，这一说话方式除了可以用来巧妙地回答问题之外，还可以将其灵活运用于生活与工作中，表明态度的同时，顺利地达到对话的目的。比如，一个人所搭乘的那班飞机快要起飞，他还没有拦截到到机场的出租车。好不容易一辆空车停下来，询问过目的地后，司机：“你需要先预付我 100 元钱。不然恐怕还要继续等下去，最后误机。”这个人说：“没问题。只要你确保自己驾驶的速度能够超过飞机起飞的速度。”

再如，宋朝时期的富贵权势之家十分流行从新科进士中挑选佳婿。

尽管偶有反抗者，但大多数时候，新科进士们都碍于权贵的势力被迫接受了这桩婚事。这天，某权贵之家委派数十名家丁前去邀请当年的某位新科进士。

权贵之人：“我膝下有一小女，年方十八。相貌清丽可人，不知你是否愿意迎娶小女为妻？”新科进士听闻此言，双手握拳深鞠一躬道：“我本出身贫寒，今日能得老爷您的赏识和厚爱，可谓荣幸至极。但至于您所说的迎娶小姐一事，还得等我回家同娘子商量后才能给您答复，您看如何？”

转移话题，巧妙回避

在既有印象中，马云是一个敢说、会说的人。无论别人向他提出多么刁钻的问题，他都能够从容应对。仔细品味马云的一些回答，就会发现他看似坦然回答的表象下其实也隐藏着“狡猾”。这里所说的“狡猾”绝不是贬义词，而是对他随机应变能力的一种高度的肯定。

通俗来讲，“狡猾”的沟通技巧是指面对不想正面回答或者难以回答的问题时，将问题中的主要概念（观点）巧妙地转换为另外貌似一样的概念（观点），或者利用询问对方衣服的牌子、聊天气等方式，直接将话题转换到截然不同的方向上去。

在诸多访谈和现场提问环节中，马云最常用的战术就是“移花接木”。有时候，他潇洒自如地说了很长时间，让人敬佩不已，但却很少有提问者真正想要得到的信息。比如，某次访谈中：

记者：舆论会觉得阿里巴巴现在是一个庞大的商业帝国了，你觉得接下来它的“爆发点”会在哪里？

马云：我并没有觉得它是一个“帝国”。我一直坚信，我们不能做“帝国”，我们要做的是“生态系统”。任何一个“帝国”都有倒台的时候，但“生态系统”基本上是可以生生不息的，如果我们不破坏这个“生态系统”的话，一个“生态系统”有春夏秋冬，就像非洲草原有旱季和雨季，只要是个生命，就有生长、成长、发展、繁育和重新恢复的过程。说到我们这个生态系统的“爆发点”，我觉得不如这样理解，重要的不是我们能从这个“生态系统”里赚多少钱，而是在这个“生态系统”里面的企业能在这里挣多少钱，因为只有他们挣得越多，我们才有机会挣钱。

纵观马云的整个回答，他从一开始就将记者提问中的“阿里巴巴是一个庞大的商业帝国”这一概念巧妙地转换为“生态系统”。既然阿里巴巴不是帝国，而是生态系统，那么也就不存在“爆发点”和赚钱多少的问题。作为一个生态系统而存在的阿里巴巴最重要的任务则是“在这个生态系统里面的企业能挣多少钱”。

除了借助于“偷换概念式”的方法来巧妙转移话题之外，马云还极为擅长“答非所问式”的问答法。比如，在 2017 年 1 月中旬举办的达沃斯论坛上，有记者向马云提问道：“很多西方人都觉得不太了解您的思想。我把您和亚马逊做了对比。亚马逊可能是一个以资产为主的商业模式，而从阿里巴巴的整个架构来看，您并不打算成为一个物流企业，我觉得人们也是这么想的。您觉得亚马逊的 CEO 是正确的，还是您作为阿里巴巴的 CEO 是正确的呢？”

面对如此刁钻的问题，如若回答时稍有不慎，就很有可能会引起亚马逊和阿里巴巴双方间的企业大战。因此，马云这样回答道：“我希望我们两者都是正确的。世界的商业有各种各样的模式，但这并不代表不同的模式就意味着不同的发展……我们并不想要成为微软或者 IBM，我们想要运用网络、科技的力量帮助每个人致富。我们如何帮助 500 万美国人实现他们的就业呢？我们如何让这么多的物流企业，让我们这么多的快递小哥运送他们的包裹呢？我们必须确保物流的每一个环节都是有效的，也必须确保我们的物流合作企业能够供应更多的员工。”

在另外一场访谈中，当主持人问起关于马云和特朗普的见面是怎样发生的以及是谁先联系谁的时候，马云仍然没有直接说明是自己先联系的特朗普，还是特朗普先找的自己，而是答非所问道：“这也是我想问我自己的问题，因为周日有一些人问我说：‘JACK，你想和特朗普见面吗？’我说：‘事实上我不想，我没有准备好，我不知道谈什么。’然后再几日之后又有其他人陆续询问我，然后我用邮件和我的朋友说：‘我想了很多，我想我应该准备好了见他。并且至少，我认为特朗普应该会高兴和我谈话。’”

综上所述，沟通中遇到不想回答、不愿回答的问题，或者想要缓和稍显紧张的沟通气氛时，都可以像马云一样不给予正面回应，巧妙地转移话题。这一方法不但可以从侧面回答提问者的问题，同时还可以把自己不想回答的问题加以回避，最重要的一点是可以有效地避免提问双方间出现沉默、据理力争、针锋相对等情况，有利于良好沟通氛围的形成和营造。

“大白话”中蕴含大智慧

“你现在在跑马拉松，路边有很多牛奶、汽水，你是边跑边喝，喝饱再跑，还是喝一口，只要能跑下去就跑下去？”

“就像我今天是种萝卜的，才刚种下去，你们就要让我把苗拔起来，看是否长出萝卜，看萝卜长得多大。只要种的是萝卜，总能长成大萝卜的。”

“互联网像一杯啤酒，有沫的时候最好喝。”

马云深知讲道理不如说一段大白话，于是他经常在沟通中使用大白话来阐述自己的观点。

马云的说话并没有太强的逻辑性，很多是即兴发挥，而且多是大白话，甚至是口头语。他很少说一些专业术语或是文绉绉的辞藻来美化自己的讲话，他也很少打官腔，以此显示自己大企业家、大富翁的样子。他总是用非常平实的话来发表自己的见解，这些话或使用比喻手法，或使用口头语，这样不仅容易让人理解他的意思，更能让人觉得他是一个平易近人的人。

在向访问记者解释何为“五级台阶”时，他说：“小男孩不都喜欢跳台阶嘛，从五级台阶上跳下去了，以为很牛，以为从三层楼也可以跳下去，结果却摔死了。全球化的运作，跨地区的系统作战，管理是靠时间的，文化更需要时间。一家公司要想成为国际化的管理公司，就一定要有国际化的文化思考。十四年以来，阿里巴巴的问题很多，因为我们发展得太快，但是，发展的快，到了今天这个规模，这个影响力，绝不等于‘we deserve’，我们还有很多内部的东西没有弄好。我们的管理，我自己觉得蛮自信的，在互联网公司里面还是不错的，但绝不等于我们没有问题，问题多了去了。但是，想想看，在兵荒马乱的互联网发展的十四年中，能够杀成这个样子，是各种各样尝试的结果，努力的结果，有的时候受伤，内伤外伤多了去了，也可以了。”

为了人们能够明确自己在阿里巴巴公司的作用，他用词贴切地描述道：“我们这就像在拉车，如果有的人往这儿拉，有的人往那儿拉，互相之间自己给自己乱掉了。引用我朋友陈帅佛的话说：当你有一个傻瓜时，很傻的，你会很痛苦；你有 50 个傻瓜时是最幸福的，吃饭、睡觉、上厕所排着队去的；你有一个聪明人时很带劲，你有 50 个聪明人时，实际上是最痛苦的，谁都不服谁。我在公司里的作用就像水泥，把许多优秀的人才黏合起来，使他们的力气往一个地方使。”

为了使员工更好地理解对手更强大是什么概念，他说：“大家有时候会想，对手更强大是什么概念？就像贼越傻警察越无能，贼越强则警察越强。对手越强，你才会越强，你看到任何一个对手，你都要把它看作一种福报，因为今天终于有一个人让我练一练了。但是，千万不要你死我活，因为你搞死他，你未必就能活下来。”

在回答主持人吴小莉提出的关于“现在的世界，跟我们过去的世界差距很大了，未来五年会变化得更大，未来的互联网世界，会是什么样的一个企业的状态”这一问题时，马云并没有直接给出自己的理解和答案，而是以自己在日本看到某家小店的大白话作为开头回答道：

> 我记得有一年我去日本，看见一个小店，门口贴了一个纸条说——本店庆祝成立 147 年。总共我估计也就小 20 平方米的一个店，里面卖的各种糕点，你看见那老头、那老太脸上洋溢的笑脸说：“我们家这个店开了好几代了，147 年，日本什么天皇啊，什么什么大家族的人，都买我们的糕点。”听到的虽然是大白话，但是，你却能从这平淡但朴实的话语中体会到一种特别的幸福感。互联网发展的速度会越来越快，变化也会越来越快，每一个人，每一个很小的单位，都可以做出以往一个大企业可能做不到的事情。所以，我个人觉得，未来的世界是小的世界，影响中国经济未来的一定是小企业。

沟通的目的在于表达诉求和交换意见。沟通过程中除了需要认真倾听、理解他人的观念和想法之外，如何清晰地表达自己的观点也至关重要。如果不能根据沟通的对象、场景以及内容选择相应的沟通方法，就会容易产生误解或者难以顺利实现预期中的沟通效果。

在沟通语言的选择和表达上，总有一些人喜欢使用华丽的辞藻，期望给他人留下一种博学、善思的良好印象。但他们却忽略了大白话在语言表达中的重要作用，其实，大白话中也常常藏有大智慧。

委婉含蓄，避免不愉快

大道理，顾名思义，就是相对小道理而言的具有方向性、指导性的道理。大道理人尽皆知，因而许多人对说教式的大道理特别反感，甚至会产生厌恶的情绪。一个善于交际的人，在面临这样的境况时，会很有分寸地为这些大道理裹上“含蓄深刻”的外衣，让它们变得婉约而富有深意，给人带来如沐春风的感觉。马云就是这样的高手。他的演讲之所以广受欢迎、风靡海内外，很大程度上也得益于他所说的含蓄深刻的“大道理”。尽管马云总说自己不会讲“大道理”，但马云的“大道理”比比皆是。

在中国女企业家论坛上，马云说：“女强人在婚姻上往往都不顺，我告诉你们原因。男人就好比食堂里的大锅菜，很普通，但去晚了就没有了。女人就好比高级餐厅里的高档菜，虽然好，但不见得有人点，而且很快就被新菜取代了。”

马云话音未落，在场的女嘉宾们就都如盛开的花朵一样笑了起来。聪明机智的马云，用“高档菜”这个词比喻女性独有的气质美，含蓄又委婉地用“顾客对高档菜的感觉”代指“女性在婚姻中的高标准高要求”，不仅把女人的美丽精致比喻得形象生动、恰到好处，还自带着“马氏”特有的幽默，让众多拥有耀眼光环的女企业家们心花怒放，佩服得五体投地。

在一些特定的场合说话，为避免不愉快的事情发生，说话者更应该讲究技巧，让自己的说话内容更容易被他人所接受。这不仅是尊重他人的表现，也是说、听双方实现愉快交流的前提条件。但是对于说话直率的人而言，含蓄幽默的说话方式使他们不能很快地学会，不过，凡事都有一个过程，只要我们在生活中慢慢锻炼自己，一定可以掌握到适合自己以及他人的好的沟通技巧的。

马云的好口才人尽皆知，尤其是其作为公众人物的自如应答力，更让许多优秀的企业家望尘莫及。他既能把普通的话讲得新鲜而别有韵味，又能把简单的话说得含蓄又富有深刻道理。

马云在接受媒体采访时，有记者问：“阿里巴巴和淘宝及支付宝之间是什么关系？”马云说：“在阿里巴巴这个家族里面，阿里巴巴是大哥，没念过书，是个泥腿子，辛辛苦苦挣钱养家，弟弟妹妹们上学都靠他来供；淘宝是妹妹，性格活泼，可以拿着大哥给的钱买花裙子，红头绳，每天开开心心，现在已经初中毕业，将来要念复旦大学；老三是支付宝，但他最有志气，要在未来扛起养家的重担。大哥决定不惜一切代价供他上美国的哈佛，因为那里有最先进的思想。”

马云的一席话，赢得了台下观众的热烈掌声。在谈及三者的关系时，马云并没有开门见山地直接回答，而是借用比喻，形象地将阿里巴巴、淘宝和支付宝三者比喻为大哥、妹妹和弟弟，委婉又清楚地表明了三者的长幼关系。同时，又以大哥的辛苦养家、妹妹的活泼开朗、弟弟的志向远大来分别暗示三者的未来发展方向和发展目标。这段话中不仅讲到了中国传统的“长幼有序”的家庭文化和道理，也用传统的家庭文化和道理比喻了阿里巴巴、淘宝和支付宝三者之间的关系，通俗易懂，形象生动，使人们很容易就明白了三者之间即相互独立又彼此依存的关系。

俗话说：“言为心声。”由此可知，言语不仅仅是用来交流的工具和手段，也是一个人思想和思维的集中体现，从更深的层面上来讲，它反映着一个人的道德情操和文化素养。

含蓄委婉的语言，是沟通过程中的黏合剂，它能快速地拉近两个人之间的距离，让对方在了解自己的过程中，快速分辨出是敌是友。但是，要想用含蓄委婉的语言表达出深刻的、令人幡然醒悟的大道理，就要从本质上认清自己，强化自己的内在修养，提高自身的思想意识水平，只有这样，才能在思想上给他人以引领和启迪。

意大利音乐家帕格尼尼希望以最快的速度赶到一家大剧院进行演出，但是没想到车子坏在半路上了，于是他匆忙拦下一辆马车。他一边上车，一边问价。没想到，车夫一看自己拉的是大名鼎鼎的音乐家，就随口说道：“先生，你要付我 10 法郎。”帕格尼尼吃惊地说：“你这是开玩笑吧！”“当然不是。每个人都要花 10 法郎听你用一根弦拉琴，我这个价格已经很公道了。”车夫如是回答。“那好吧，我付你 10 法郎，不过你得用一个轮子送我到剧院。”车夫听完后先是一愣，随后哈哈大笑：“你的要求我是做不到了，那就收你 1 法郎吧！”

面对车夫的漫天要价，帕格尼尼并没有直接一脸怨气当场杀价砍价或者是断然拒绝乘车，而是先同意付款，然后在行驶途中再向车夫提出条件。面对车夫“每人花 10 法郎买一张票去听你用一根琴弦拉琴”的要挟，帕格尼尼也没有面露不悦，而是提出让车夫“用一个轮子送他去剧院”的这个根本办不到的要求，以此来反击车夫，这不仅节省了自己的时间，也让车夫在了解自己存在的问题的同时，欣然接受帕格尼尼的无声砍价，如此含蓄而委婉的沟通谈话显然比两人当面争吵要好得多。

用含蓄委婉的语句表达自己的想法和需求的时候，别人更容易理解你，且在心理上也更容易接受你。尤其是在讲人尽皆知的大道理时，巧妙地使用含蓄又不失深刻的语言，更能锦上添花，让人在无形中接受指教，同时也给彼此的沟通营造了良好的氛围，更有利于沟通呈现出好的预期效果。使用较为含蓄的同义词或概括性较高的语句来表达自己的思想，并借助多种修辞方式来为自己的语言增彩调色，会使语言的“含蓄性”更加鲜明，更加突出。当然，在这个过程中，千万不要忘记使用能为听者创造思考空间和条件的暗示性语句，只有它们存在了，含蓄的语言才能表达出深刻的道理来。

但是，在使用含蓄深刻的语言时，要坚决杜绝专业词汇，以免给人以晦涩难懂的感觉。尤其是在两人对话的场合，如果说的话晦涩难懂，会让别人觉得对方是“孔乙已”附身，有卖弄知识的嫌疑。那么，别人就会对你的话乃至你这个人失去兴趣，这样无疑是“搬起石头砸自己的脚”，得不偿失了。

一语双关，出其不意

所谓一语双关，指的是在特定环境中，利用词语同音或者多意等条件，使一个词语或一句话在特定的语境中表达出两种意思，即一句话包含两层含义。由此可见，要真正地使语句达到“一语双关”的效果，不仅需要有超常的智慧，还需要有超好的口才。而马云在公众面前一语双关、暗藏机锋的自如应答堪称经典。

2017 年 1 月，马云在达沃斯论坛特别对话环节接受了《纽约时报》专栏作家安德鲁·罗斯·索尔金的采访。对话期间，有观众对马云发问：“你觉得中国会进入贸易战吗？如果特朗普政府跟中国打贸易战，阿里巴巴会受到影响吗？”

这个问题问得极为刁钻。如果马云回答得当，自然是好。可是如果回答不好，不仅直接影响阿里巴巴在美国的战略部署，还会给国家带来不良影响。这不禁让许多中国观众为马云捏了把冷汗。但事实证明，观众的担心纯属多余。机敏睿智的马云巧妙地运用一语双关的语言回答了观众的提问：

我认为中美不应该打贸易战，永远也不应该有贸易战，我认为我们应该给川普政府一点时间，他是一个思想开明的人，他在听大家的声音，我认为发动战争是非常容易的，但结束战争是很困难的，甚至是没有可能的。你看伊朗战争、阿富汗战争，它结束了吗？没有。我相信一件事，当贸易停止时，世界将陷入困境。贸易让人们开始沟通，彼此交流文化，创造价值。如果中美两国达成一致，阿里巴巴的商业模式将被摧毁，如果这样是可以停止贸易战的话，我也乐意去毁灭阿里巴巴的商业模式。你怎么能想象世界最大的经济体和世界第二大经济体有贸易战争，这将是一场对世界的灾难。如果我们能够把战争停下来，我们应该做任何事情来阻止它。

马云的这段话，不仅暗示了川普政府要思想开明，及时听取群众的呼声和建议，最大限度地保证中美双方贸易友好往来。同时，也暗示提问问题的观众及现场其他观众“两虎相斗必有一伤”。如果中美进行贸易战争，受创的是中美两方而不是中国一方，因此，中美贸易战争不能也不应该发生。马云提前点明“川普政府思想开明”的做法，既维护了川普政府在公众心中的公信力和形象，也给川普政府深入思考马云的讲话留出了足够的空间。

此外，马云强调，如果中美和谐贸易被阿里巴巴的模式所影响甚至破坏，马云愿意毁灭阿里巴巴模式，以求两国贸易友好。马云的回答，不仅展示了中国商人的诚信、爱国形象，提高了美国人对中国商人及商业的良好形象认知，也传递了“中国是世界友好之邦”的大国形象，可谓一语双关，精妙至极。

在沟通中，合理地运用一语双关的语言技巧，不仅能使语言表达含蓄幽默，而且能加深语意，强化语意，给人留下深刻印象。尤其是在面临强劲对手或沟通困境的时候，一语双关的语言，还能给对手以出其不意的打击，使对方不敢再进行挑衅。

巧妙地使用一语双关的语言，在现实生活中能解决很多问题。比如在产生矛盾时，运用一语双关的语言能及时化解双方的矛盾和隔阂；在尴尬的谈话氛围中，运用一语双关的语言能最大限度地让双方摆脱窘境；在别人提出不合理的要求时，运用一语双关的语言能够在顾及对方颜面的同时巧妙地拒绝对方；合理运用一语双关，在对方还没想到你会如何接招的时候，给予对方一个有力的响亮的回答。

但一语双关的语言智慧绝不是一朝一夕就能形成的，而是要靠丰富的知识积累和社会生活的打造磨砺。因此，想要拥有公众人物的自如应答力，应该先充实自己的知识，丰富自己的阅历。

Chapter 05

巧妙互动，拉近距离

——大 IP：超强互动

智慧的人，用心讲话

“愚蠢的人用嘴讲话，聪明的人用脑子讲话，智慧的人用心讲话。”这是马云在一次演讲中提到的个人论点。

这个社会，愚蠢的人认为话是从嘴里说出来的，他们说话时总是不假思索或为图口舌之快进而滔滔不绝，他们看似能说会道，其实却难以打动人心，因为他们仅仅只是在用嘴说话，很多时候，他们能达到自己的目的，却难以打动人心；聪明的人认为说话要“先思而后言”，他们懂得将话语经过打磨、修饰之后再说出口；而智慧的人在说话时会遵从自己内心的想法，听从内心的召唤。可以说，用心讲话是说话的至高境界。

对于马云来说，用心讲话就是讲真话，讲肺腑之言，而不是讲空话、套话、瞎话。马云说：“我觉得忽悠别人是很容易的，我可以很虚伪地跟别人说，你很勤奋很努力，坚持几年，一定能成功。但实际上，你可能告诉他的是一条走不通的路。我相信，人这一辈子，很多时候需要有人跟你讲真话，需要有人在关键时刻跟你讲真话。”

马云曾说：“我现在很感谢我大学的英文老师。我是学英文专业的，十多岁就跟老外学英文。在杭州，不管天气怎样，我都会跑到西湖边找老外练习口语。我带他们逛西湖，他们教我口语，坚持了八年左右，所以我的英文发音是很好的，至少比农村的孩子好很多。”

“大学的时候，有一次英文考试，我只考了 59 分，农村的孩子考了八九十分。我当时很狂妄，去找英文老师说：‘我的英文发音很准，为什么只给我 59 分？’这不公平。那个老师说：‘你念一段给我听听。’我就念了一段，他说：‘真的不错。’我心里感觉找到了平衡点，没想到他又说：‘59 分，明年要补考。’第二年，我去补考，他给了我 60 分。我问他：‘为什么？’他说：‘因为你不知道自己是谁，你太狂妄了，你的水平只有 59 分。’”

马云说：“这么多年来，我很感谢我的这位英语老师，我在大学里唯一通过补考才及格的功课，也是我认为最强的一门功课，就是英文发音，所以，讲真话很重要。”

直到临近大学毕业，马云才忽然醒悟，这个当时让自己气了又气的英语老师，说出的话其实全是金玉良言，只是自己当时太过狂妄，根本不知道这是实话，是真心话。所以，在后来的很多场合，马云都会真情流露地表达自己的观点和想法，甚至毫不避讳地再现自己的“黑历史”，积极地承认自己的错误。马云说：“我已经变态了，我现在不管成功不成功，我只想着怎么去解决问题。”以心相交，以诚相待，成为马云用心讲话的准则。

马云说，刚开始创业的时候，我们根本招不到人，只要会走路不太残疾的人来报名，我们就要。我们想办法用我们的使命感、价值观去感染每一个人，说服他们、改变他们。

2014 年 4 月，马云在北京大学百年讲堂上的公开演讲中说："我们光看着人家挣那么多钱，但是我们不行，心里不嫉妒吗，嫉妒！就是两年以前，我们一年的收入还不如腾讯一个季度，我们当然嫉妒，好不容易今天终于要赶上了，人家来了个微信。"

在马云看来，阿里巴巴的发展历程中，既存在没有预料到的意外情况，也存在一部分已经预知但不能从根本上解决的问题。但有一点要始终坚信：只有不断给企业"体检"，才能及时发现问题，杜绝"癌症"。从刚开始的招不到人到后来羡慕腾讯赚钱多，马云既表达了自己全力以赴的决心和勇气，也遵从内心，真实地表达了自己对于对手的看法和尊重。马云的最后一句话，传递给听众一个信息：马云和所有的普通人一样，有能够做到的事，但也有能力不及的事。

"我是屌丝，拼不了爹。"曾经的马云也一无所有。正因如此，马云才把价值观和思想作为阿里的"核武器"，这也是阿里能够一直稳稳当当地经营下去的关键所在。他也曾在许多个公开场合一再强调：马云曾经和无数的刚开始创业的创业者一样，迷茫困顿、一无所有，但只要坚持自己的梦想不放弃，就是最大的成功。

智慧的人用心讲话，不仅体现在敢说实话、敢说真话，更重要的是说出的话不是无用的空话、套话，也不是巧言令色的假话、虚话，而是能使人受益，使人从中感受到美好，获得正能量的有用的话。

在《赢在中国》栏目中，马云如此点评盘石网盟广告创始人田宁：“我觉得我们做企业，不要怕得罪人，不要怕得罪你的团队。另外一个，你要让团队感受到是大家的机会，不是你的机会。你要让你的团队感受到的是大家的希望，而不是你的希望。刚创业带团队的人，都有这样的习惯，是带着一帮人去实现自己的理想。最重要的是大家第一天要说清楚，什么是我们的理想。你作为这个公司的领导者，是替大家实现我们的理想，而不是我的理想。”

马云的话铿锵有力、掷地有声，既准确全面地阐述了作为一名CEO的职责，又委婉真实地告诫田宁：要带好一个团队，就要有一个大家都赞成并肯为之努力的梦想。没有当众对田宁大夸特夸，而是用诚恳的语言让田宁多给员工留机会，让他们以公司为平台极尽所能地各展所长，同时提醒田宁要有防范大问题出现的思维和心理。马云发自肺腑，用心用情的点评，让在座的每一位“boss”都受益匪浅。

眼睛是心灵的窗户，语言是心灵的表达。在复杂的人际关系网中，用心说话，对打通说、听双方的沟通通道极为有益。只有拿出真诚的态度，赢得对方的信任；伸出真诚的双手，为别人提供帮助；拥有坦荡的胸襟，诚心接纳别人的建议；听从自己的内心，考虑别人的感受，才能真正地做到用心说话，拉近对方和自己的心理距离，为自己构筑良好的人际交往圈。

豪侠之气，振奋人心

少年时代的马云对武侠小说的热爱几乎达到了痴迷的程度。他熟读金庸作品，对其笔下那些行侠仗义、穿梭江湖的侠客崇拜不已。也正因此，马云的英雄气节、豪侠气概非常浓烈。

“喜欢看金庸的武侠小说”“幻想自己能拍个电影扮演风清扬”。在马云的眼中，风清扬的“无招胜有招”是一件特别拉风的事情。为此，马云还把他的“豪侠情结”搬到了公司：丐帮、少林、武当、达摩院、桃花岛、听雨轩……与之相伴的，还有马云充满豪侠之气的话语：“商场如战场，但商场不是战场，战场上只有你死我活，而商场上你活着，我可以活得更强。”

常听马云演讲的人不难发现，马云的豪侠话语比比皆是，有的甚至听起来像在吹牛。但事实证明，马云能够用充满豪侠之气的话语来讲话，从而达到振奋人心的效果。

在互联网进入低谷时期，许多媒体纷纷报道说互联网是个大泡沫，很快就要面临分崩离析的境遇，甚至最终幻灭，这些说法使得“互联网江湖”一时摇摇欲坠，公司上下人心惶惶。就在这个关键时期，马云却说了这样一句话：“最好喝的啤酒，就是要带着泡沫去喝！”不久之后，马云的豪侠话语果真应验：一大批名牌企业纷至沓来找他做广告、做主页；许多原材料企业甚至把阿里巴巴当成了自己的又一个供货窗口。

豪中兼霸、雄中藏谲，马云“侠客式”的人格精神在他的创业历程中也非常多见。被人拒绝时的自侃自嘲，陷入低谷时的拼命挣扎，走入困境时的永不放弃，马云的豪侠之气令人振奋不已。

阿里巴巴刚成立时，在杭州湖畔花园马云的家中，他曾豪情万丈、慷慨陈词：“从现在起，我们要做一件伟大的事，我们的 B2B 将为互联网服务模式带来一次革命。你们现在可以出去找工作，可以一个月拿三五千的工资，但是三年后你还要去为这样的收入找工作。而我们现在每个月只拿 500 元的工资，一旦我们的公司成功，就可以永远不为薪酬担心了。”

然而当时的实际情况是，国内对 B2B 电子商务并没有一个科学的准确的定位，许多人甚至不知道电子商务是什么东西。就连很多业内专家也认为：B2B 电子商务模式过于简单，看不清未来的盈利方向，市场门槛过低。

没有资金来源、国内经济发展处于一个低迷期、B2B 电子商务被许多业内专家质疑，看起来根本没有市场……再加上处在创业初期这样一个特殊的时间点上，大家曾一度陷入深深的迷茫和困顿中。但马云却不迷茫，无论何时，他都是信心十足、豪气满天。阿里巴巴集团总裁金建杭说：“除了马云，在创业之初谁都不敢说自己真的信心十足。”

2007 年 11 月 6 日，阿里巴巴 B2B 业务正式在香港挂牌上市，募集资金 15 亿美元，上市首日的市值已超过了 2000 亿港元，一举成为国内市值最大的互联网公司，并在一夜之间创造出中国最大规模的“富翁团队”。

无论是面对创业初期上门推销时经历的种种“苦难磨砺”，还是面对金融风暴、经济危机时的“凛冽寒冷”，马云身上充斥的豪侠之气一直没有改变或减少。即使在阿里巴巴摇摇欲坠、即将跌落谷底的时候，出现在众人面前的马云依旧豪情十足、激情四射。

马云曾这样说：“世界上最难战胜和超越的是自我，战胜了自己，就等于战胜了一切。我认为真正的竞争还是和自己，所以我们不去研究竞争对手。只有研究明天，研究自己，研究用户，才是根本，才是往前看。研究对手只会伤害了你，因为你把你自己的强项丢掉了。”

充满豪侠之气的话语，往往带着振奋人心的精神力量，能够激起人们奋发向上的勇气。无论是在生活还是在工作中，如果能恰如其分地使用充满豪侠之气的话语来激起对方的斗志，不但可以很好地帮助别人，也能够很好地帮助自己。当然，要想真正使豪侠之气的话语发挥其振奋人心的作用，仅仅依靠几句简单的话语是远远不够的，更重要的是帮助对方找到方向和目标，看到希望，并在不断的实践过程中激发他们内心深处渴望成功的欲望，这样，豪侠话语才能真正起到激励作用，使人真正燃起希望，驶向成功的彼岸。

先打动自己，再打动别人

不管是一件艺术品还是一篇文章，要想长久地吸引观众的眼球，使观众始终对其保持浓厚的兴趣和较高的关注度，必须满足一个条件：打动他。只有打动对方，让对方在内心深处与这件作品产生共鸣，才能使对方真正地、长期地保持对该作品的兴趣度。然而，打动他人看似简单，实际上却很难做到。因为每个人的思维、审美不尽相同，所以，想要打动人，先要打动自己。只有把自己当观众，使自己的作品先打动自己，再触发共鸣，才能与对方实现心灵的沟通。

言辞犀利，是马云讲话的一大标签，但这并不是全部。事实上，“多面手”马云擅长各种各样的语言，他偶尔冒出来的“温情小片段”，也处处渗透着打动人心的力量。

2014 年 8 月，马云现场观看了恒大与西悉尼流浪者队的比赛之后，在社交媒体上发表了这样一段感想：恒大的球员都很爷们，他们没有辜负球迷，是运气辜负了我们。同时，他还特意说道："这是我 40 年来第一次坐在场上看职业球赛。让我数次感动流泪的是球迷们的举动。整整 90 分钟，他们让我明白了啥是投入，啥是激情，啥是不放弃，啥是真正的热爱……中国有这样的球迷，何愁没有优秀的球队！"虽然只有寥寥数语，但马云在社交平台上与球员、球迷的暖心互动，让失利归来、沮丧万分的球员们的心中充满了感动和温暖。

想要打动人，先要打动自己。这不是一种外在的形式或表现，而是一种发自内心的真诚的情感流露。要让自己的话语或作品中蕴含实实在在的内容和情感，给他人的心灵以温暖或震撼，才能真正打动别人。从做梦到追梦，马云的创业之路上，既有感人的故事，还有感人的自己。马云曾说："永远不要跟别人比幸运，我从来没想过我比别人幸运，我也许比他们更有毅力，在最困难的时候，他们熬不住了，我可以多熬一秒钟、两秒钟。"

1999 年，马云决定放弃"中国黄页"回杭州从零开始的最后几天，十八罗汉一起去了长城。一群人在长城上，指点江山、激扬文字，并立下豪情壮志：要建立一个让所有中国人都为之骄傲的网站！在阿里巴巴成立五周年的晚会上，马云旧事重提感动至极："非常感谢那么多年大家的一路陪伴。因为马云的一句话，大家那么相信我，一直伴随我走到了今天。"说话的同时，马云眼中饱含泪水，"十八罗汉游长城，一个最初的梦，一句豪情的话，让阿里巴巴度过千难万险，才有了今天的辉煌。"

在马云的演讲和电视节目中，如此充满煽情色彩，把自己感动到流泪的场景并不多见。很多时候，马云说出的话非常感人，只是他个人身上洋溢的自信和激情成分更高，从而将感动的成分稍稍减弱了一些。但这依旧不影响听众被马云传递的信息和词语的温度所感染，所感动。

2015年2月，马云在"团结香港基金"与青年交流时，说了这样一段话：

> 我不具备今天很多年轻人讲的你有什么资格，你有什么学识、知识、能力，我既没有学过会计，也没有学过管理，更不懂电脑，为什么开始这件事情？大家知道我确实在第一次高考中数学考过1分，不觉得丢人，我觉得讲真话不丢人，最丢人的是讲假话。我数学考过1分，大学考过3次，初中考重点中学考过3次，也没考上。我们那个学校也是当时杭州最差的学校，我考进大学，杭州师范大学，是杭州第四流大学，尽管我觉得他比哈佛重要。所有人看来我不具备创业的资质，但是很奇怪，有时候读书不好反而可以创业……所以在人们看来几乎没有可能成功的时候，我们走了15年。走到今天。当然阿里巴巴15年，我前面还有4年做中国黄页，到外经贸部工作13个月，打零工。在我家里创业的时候，我跟18个创始人，包括我在内的18个人讲了一点，如果我们这些人能够成功，中国80%的年轻人都能够成功，因为没有人给我们一分钱，也没有给我们权力和地位，我们什么资源都没有。

的确，在很多有关马云的书中都曾提到他筚路蓝缕创业的故事，就连他自己也不止一次地讲到自己当初融资、起步时的艰难，即使在最艰难的日子，马云依然咬紧牙关，以一种不放弃的精神向前奔跑，听来让人尤为感动。

与所有普通人一样，马云没有显赫的背景，没有雄厚的经济实力，他正是靠着无数次碰壁得来的韧劲和毅力攀上了自己梦想的高峰。在很多重要的公开演讲中，马云对自己的过去都没有丝毫避讳，他甚至坦言自己的错误和失败，以给创业者追寻梦想的勇气和力量。

在上述这段话中，马云依旧以自己的亲身经历为原材料，讲自己的奋斗史。实际上，这不仅是他的奋斗史，也是无数个创业人的奋斗史。同时，他也以自己的经历告诉青年人，哪怕今天一无所有，哪怕你的梦想被许多人轻视，也要坚守自己的信念，勇敢上路，勇敢逐梦。马云的成功就是鲜活的例子，他以实际行动告诉我们：奋起直追，梦想就会成为现实。

“我没有关系，也没有钱，我是一点点起来，我相信关系特别不可靠，做生意不能凭关系，做生意不能凭小聪明，做生意最重要的是你明白客户需要什么，实实在在创造价值，坚持下去。这世界最不可靠的东西就是关系。”马云这样说。无论小故事还是大道理，不加任何修饰，马云都能讲得振奋人心，“格外动人”。这种“动人”源自他曲折的创业经历和发自内心深处的真实体会。正因如此，马云才能在与观众的互动中保持自己的见解、观点和看法，不被他人所左右。

所以说，好口才的最高境界绝不是滔滔不绝的高谈阔论，而是能一直吸引对方对自己的讲话保持浓厚的兴趣并产生发自内心的赞同与反思。这个能吸引对方的点，就在于语言能够震撼人心、打动人心。但一定要记得，任何话说出口之前，都要先衡量一下是否能打动自己，并以此为标尺，判断自己的话有没有继续说下去的意义。

讲述自身经历，引发同理心

“在创办阿里巴巴时，我请了24个朋友来我家商量，我整整讲了两个小时，他们听得糊里糊涂，我也讲得稀里糊涂。最后说到底怎么样？其中23个人说算了吧，只有一个在银行上班的朋友说你可以试试看，不行赶紧逃回来。我想了一个晚上，第二天早上决定还是干，哪怕24个人全反对我也要干。其实最大的决心并不是我对互联网有很大的信心，而是我觉得做一件事，无论失败与成功，经历就是一种成功，你去闯一闯，不行你还可以掉头，但是你如果不做，就像晚上想想千条路，早上起来走原路一样的道理。”这是马云在阿里巴巴上市后的第一次演讲中所说的。

比起许多假大空的演讲，马云的演讲是公认的最让人受益的演讲，实实在在的语言，没有任何华丽的修饰；更关键的是，马云演讲的内容中，有近乎一半都是自己的亲身经历。这些亲身经历中既有成功的、光彩的，也有狼狈的、心酸的，但马云毫不避讳。

“1995 年，我发现互联网有一天会改变人类，可以影响人类的方方面面，但是谁可以把它改变掉，它到底该怎么样影响人类？这些问题我在 1995 年没有想清楚，但是我隐隐约约感觉到这是将来我想干的。今天我回过来想，很多游学的年轻人是晚上想想千条路，早上起来走原路。早上出门之前说明天我将干这个事，第二天早上仍旧走自己原来的路线。如果你不去采取行动，不给自己梦想一个实践的机会，你永远没有机会。所以我稀里糊涂走上了创业之路。那时的我对生活有想法、有梦想、有目标，每天都会为下个月能否涨工资而努力，为了早日买房子而努力，我觉得有想法的日子才是最快乐的日子。今天我再说自己去买车子、买房子就没有了当初的快乐了，因为感觉不同了。失败的原因都是由欲望引起的，大家应该多花时间看别人如何失败，学习别人失败的经验，失败的经历是宝贵的，而成功的经历是瞎扯的。”

其实，马云本身就不是一个有什么事就藏着掖着的人，也从来不是一个怕被别人嘲笑或轻视就保留秘密的人，用自己的失败自嘲，用自己的失败去宽慰别人，倒是他一贯的作风。但恰恰是这些许多人都想千方百计隐瞒的“不光彩经历”是很多年轻的创业者愿意倾听的东西。

微信之父张小龙说：“每个产品经理都要有‘小白思维’，就是要有把自己切换到用户的角度去思考问题的能力。”张小龙所说的“小白思维”，就是我们所说的共情能力，也就是“同理心”。同理心与生俱来，但它的产生却是有条件的。只有在真实的能打动人心的话语和环境中，同理心才能出现并发挥作用。很简单的一个假设，你听到别人说了一句不痛不痒、无关紧要的话，既没有什么实质意义，又没有什么精神意义，那你当时听完也就忘了。相反，如果别人说的话让你心情愉悦或身心受益，你就会尽可能地去理解这句话，想记住这句话，从而与说出这句话的人产生情感的联系和互动。马云的演讲能引人入胜，与讲述自身经历引发同理心的演讲方式密不可分。

讲述自身经历，引发同理心。这样不仅能触动听者的内心，还能为听众原本迷茫的心找到出口。马云在演讲中讲到的不光彩的经历，其实也算是人生中的一次失败，每个人都会失败，说出来又有什么关系呢。失败和成功都是宝贵的经历，而且失败更能给人以警醒和启发。

讲述自身经历，引发同理心，也是奥巴马惯用的演讲方法之一。在弗吉尼亚州阿林顿郡韦克菲尔德中学开学典礼的演讲中，奥巴马在教育学生们好好读书时谈到了自己的身世：

> 我父亲在我两岁时就离开了家庭，是母亲一人将我们拉扯大。有时她付不起账单，有时我们得不到其他孩子们都有的东西，有时我会感到孤独无助，与周围的环境格格不入。因此我并不总是能专心学习，我做过许多自己觉得丢脸的事情，也惹过许多不该惹的麻烦。但我很幸运。我得到了去大学读法学院并实现自己梦想的机会。你们中有些人可能没有这些有利条件，或许你的生活中没有能为你提供帮助和支持的长辈，或许你的某个家长没有工作、经济拮据，或许你住的社区不那么安全，或许你认识一些会对你产生不良影响的朋友，等等。但归根结底，这些不是你们不好好读书的借口。你们的未来，并不取决于你们现在的生活有多

好或多坏。没有人为你们编排好你们的命运，在美国，你们的命运由你们自己书写，你们的未来由你们自己掌握。

奥巴马从自己贫寒的家境开始谈起，进而讲到了自己处在当时的特定环境中的心情和想法，尤其是对小时候生长环境的描述，也许是许多学生生活环境的真实写照，这就在无形中拉近了与学生之间的距离，让他们更能感受到奥巴马所讲的话的真实性，从而推人及己：既然奥巴马能在这样的环境中通过自己的努力改变命运，我也可以。自然，奥巴马的演讲就能赢得学生们热烈的喝彩声！

讲述自身经历，在无形中为对方打开了自己紧闭的心门，很容易给人带来推心置腹的信任感和安全感。由于亲身经历的事情都源自生活，因此更容易产生共鸣。同时，把自己的经历大胆地说出来，就等于展示了更多的自我，不仅能使自己的心情保持愉快，也能很好地拉近双方的心理距离。

社会心理学家奥尔特曼和泰勒指出：良好的人际关系，是在自我暴露逐渐增加的过程中发展起来的。随着信任程度和接纳程度的提高，交往的双方会越来越多地暴露自己，同时也希望别人越来越多地暴露。马云讲述自身经历的演讲，正是抓住了大众心理的实例。

当然，也有很多人不愿意讲述自己的亲身经历。因为在他们的意识中，讲述自己的亲身经历会让他们觉得尴尬，甚至有矫揉造作之嫌。实际上，讲述亲身经历，是对真实的、坦荡的自己的展现，普通的人际交往正是通过对自己心事的暴露而建立的。以暴露为基础，交往双方自我暴露越深越广，彼此的了解就会越来越清晰、透彻，从而也能为提升双方的接纳度和信任度创造契机。

坦率真诚地表达见解

在做客《对话》栏目时，中赫技术总裁兼千品网总裁赵鹏向马云提出了一个问题："本地生活变成一个新的电子商务的浪潮的这个过程当中，您希望也有很多小而美的企业出来，我们也希望成为其中一个，也许是小而美或者是中而美的企业，您能否提个建议，就是千万别干什么。"

马云说："这是一个很慎重的问题，你刚才讲这个事的时候，我在回忆 2003 年、2004 年、2005 年我在做互联网的时候，那时候我其实就记住一样东西，就是帮我的客户赚钱。淘宝 2003 年成立，2004 年成立我没想过，打败 eBay 只是乐趣而已，就是在特别痛苦的时候，搞一个人折腾一下他，找一个对手，我真没想到可以把它真捅翻掉，这个是我没想到的，我也没想真去捅翻它，纯粹是他要打我的时候，我给他乐了一乐。但是心里面永远不会改变一样，我知道一样，只有淘宝的小卖家挣钱了，我们才有活下来的可能。本地生活的原则就是这样，让那些吃喝玩乐在你这个上面你能够提供服务的人，让他们真正知道有你和没有你是有区别的。你全心全意帮他们成功，只要这个时间越长，你越有机会，千万不要做的事情是，不要去证明你的模式是对的。因为你今天对的模式三年以后可能是错的。你只需要证明一点：我想帮我的客户成长。这一定是对的，这是我觉得要做的。”

虽然贵为行业领袖、商业大佬，但马云并没有摆出一副高高在上的姿态，而是用低调严谨的语句去讲述自己的真实经历，坦率真诚地表达了自己对于赵鹏提出的问题的观点和看法。通过与观众分享淘宝创立之初的心路历程，让观众自己揣摩，自己筛选可用信息。同时，也间接而委婉地回答了赵鹏的问题，千万不要做的就是“证明自己的模式是对的”，只要坚持初心一直努力，就可以了。

完全不懂的不能说，一知半解的不要说，确切肯定的要慎重说。归结起来就是，说自己该说的话，说自己能说的话，用自己的经历说事，坦率真诚地表达见解。在这方面，马云做得特别好。

马云曾与华盛顿大学福斯特商学院教授陈晓萍谈及自己要 48 岁退休时，陈晓萍说：“48 岁退休的 CEO 在全世界也为数不多，你的想法、说法和做法都很大胆。”

马云：“是的，我讲话确实比较大胆，这是我的性格。什么时候我讲话四平八稳了，那么马云就一定出问题了。我说的就是我想的，我做的就是我说的。如果有一天我做的和昨天说的不一样，我就会告诉大家我错了。但当时我确实就这么想的，我不会说一套做一套，心口不一。那样，我的员工就不信任我了，社会就不信任我了。”

想要坦率真诚地表达见解，就要管住自己的嘴，在合适的场合说合适的话，在不懂的领域少发言，向需要的人传达正确的有用的信息，不说空话，不说假话，不信口开河。坦诚率真地表达见解，不仅能给人创造轻松愉快的交流氛围，也能够很好地将自己所想要表达的意思传递给对方。

知名文化女学者于丹在做客央视《面对面》节目时曾公开告诉观众，她最喜欢的流行歌手是周杰伦，不料却引来了主持人王志的质疑。对此，于丹反驳道：“这件事情你怀疑吗？你认为我不该喜欢周杰伦？我告诉你，喜欢就是喜欢，这个世界上真正的喜欢，没有太多的理由。”

实际上，要真正做到坦率真诚地表达见解，不是件容易的事。很多时候，虽然我们不想对他人的事情发表评论或见解，别人也会要求我们提出意见或给予指导。这个时候，千万不要因为别人的请教而将自己摆在高高在上的位置，更不要因此放松警惕，信口开河。对于自己知道的、确定的部分，可以酌情给予他人建议；对于自己似是而非或者完全不知底细的部分，则要三缄其口或诚恳解释，告知他人自己不懂；对于别人提出的问题，自己理解的是什么就说什么，不知道就是不知道，千万不要打肿脸充胖子，误导他人。

就像马云回答赵鹏的问题一样，即使自己是这方面的专家，也要以事实说话。在表达自己的见解时，足够坦诚、足够真诚，才能受到别人的尊重和喜欢。

掌握语调语速，很重要

但凡听过马云演讲的人，都对他有一种发自内心的崇拜。无论是从演讲内容上来说还是从语言艺术上来说，马云的演讲都堪称经典。他总是能将苍白乏力的语言通过形象生动的面部表情、恰到好处的肢体动作、富有感染力的声音、或高亢或低沉的语调表现出来，这些演讲技巧的运用使马云的演讲几乎达到了场场爆满。尤其是马云对语调和语速的控制，更是十分到位。下面是马云在著名的斯坦福大学发表的演讲：

今天，大家总是在写关于阿里巴巴的成功故事，但是我并不真的认为我们有多么聪明。我们犯了很多错误。当时我们还是很愚蠢的，所以我在想，如果哪天我要写关于阿里巴巴的书，我会写《阿里巴巴的一千零一个错误》。这才是大家应该记住的事情，应该学习的事情。如果你想知道其他人是怎么成功的，这是非常难的。成功有很多幸运的因素，但是如果你想学习别人是怎么失败的，你就会受益很多。我总喜欢看那些探讨别人如何失败的书。因为，当你仔细去分析的时候会发现，任何失败的公司，他们失败的原因总是不尽相同，而这才是最重要的。

说这段话时，马云语调平和、语速缓慢，表述也诚恳自然，丝毫没有夸张的成分。虽然他以自嘲为引子，但讲得内容却是自己创业的经历，且处处流露着真情实感。

所以淘宝成功了，接下来我们做了支付宝，大家都说中国没有信用体系，银行很糟糕，物流很糟糕，你为什么还要做电子商务？今天，我不是来这里跟大家说我的生意经的，我没有准备 PPT，因为我没有股票要卖给大家，但是我想正是因为中国落后的物流、信用体系和银行，我们才需要有创业精神。这就是我们需要创建的自己的蓝图。所以我相信这个事情是你先做了，然后慢慢地就成了中国的标准。我记得 6 年前当我来美国的时候，我说我相信 5 年以后，中国的网民人口会超过美国。你们说不会的。然后我说你们的人口才 3 亿，中国有 13 亿人口不是吗？如果让你们有 4 亿人口，没有人口死亡，你们还要不停地生孩子，你们需要 50 年的时间，我们只需要 5 年时间，所以这只是一个时间的问题，不是吗？我们走着瞧。

从中国的经济实情说起，马云先后回答了为何做电子商务、如何做电子商务、电子商务的发展这三个问题。说这段话的时候，马云的语调已经由原先的平淡转为逐步上扬。从解释大家质疑的问题开始，马云的语调在发生着细微的，但能感知到的变化。比如，先由平和变为疑问，再由疑问变为掷地有声的坚信。通过对语调语速的合理控制，马云将其内心的感悟，分毫不差地表现出来。特别是在谈及与美国的辩论时，马云慷慨激昂的语调之中又带着背水一战的决心和果敢，让听者尤为振奋。

从学校的课堂到社会的演讲台，随着阅历的增加，马云的演讲内容变得越来越丰富，越来越饱满。充满文艺气息的演讲、渗透着很强的理想主义的演讲、充斥着企业家才有的一针见血的睿智的演讲，不管是哪一种演讲，他都能让自己的思维极度发散又收放自如、不拘一格又句句经典、充满斗志又振奋人心；他总能通过对语调的控制和把握来引领听众的思维，通过对语速的控制来传递内心的情感，通过自己的语言魅力来打动听众的心。

担任《赢在中国》栏目评委的马云，不仅是选手们最喜欢的评委，也是电视机前的观众们最喜欢的评委。许多人反映，马云和《赢在中国》的舞台匹配度可以说达到了百分百。他的每次点评的字里行间，都流动着自己的创业经历和精彩故事。马云总是能让抽象的问题形象化、复杂的事情简单化、简单的事情重点化、重点的事情效果化，他的点评与他的演讲一样，通过不停变幻的语调来体现他的情感，时快时慢的语速带动着大家的情绪，这让现场中的不少选手为之折服。

研究表明，一个完整的演讲内容应包含 7% 的文字内容、38% 的语调语速、55% 的形体语言。由此可见，语调语速在演讲表达中起着至关重要的作用。而多数演讲者习惯用同一种语调语速来演讲，如同念经一样的诵读，缺少了感染力和带动性，会使听众产生厌烦情绪，以至于呼呼大睡。所以，演讲者可以试着用各种不同的语调和节奏进行表达，突出重点词汇，在关键信息点后稍作停顿，给听众留出思考的时间，这样的演讲才能引人入胜。

那么，要控制好演讲时的语调和语速，最大限度地吸引听众，可以从以下几个方面入手：

1. 了解听众，明白听众的真实需求在哪里。听众属于哪个层次，演讲者的演讲就要向哪个层次靠拢。听众的结构构成，很大程度上决定着演讲的方向和内容。因此，演讲者准确了解听众，理解听众的真实需求，才能将自己的情感贯穿其中，讲出听众所想听的内容。

2. 演讲内容需饱满，且应达到字句精辟。好的演讲内容，是吸引听众的关键。内容饱满、字句精辟的演讲才能长时间地吸引听众的注意力。

3. 讲述自己的真实经历，适当使用肢体语言。自己的亲身经历是其他任何人不能复制的。因而它的独一无二性和演讲者的情感投入，让听众听起来更加真实。如果再配上适当的肢体语言，听众更能感同身受。

4. 将自己融入其中，准确把握因演讲内容变化而引发的情绪变化，调整语调和语速。对语调语速的控制，不仅仅是正确发音、变化声调那么简单，而是要根据不同的内容来传递或表达不同的情感。要将自己融入演讲之中，准确感知由内容变化引起的情绪变化。

Chapter 06

诙谐幽默，妙语连珠

——奇特表达中见微知著

利用幽默，活跃气氛

马云天生就有着“搞笑”的天赋，无论在什么场合说话，他都能根据当时的形势，适时地说出一些不浮夸但很好玩的段子。熟悉马云的人都知道，幽默一词仿佛就“长”在他身上，他根本不用刻意地寻找笑点，随口说上几句，就能让人开怀大笑，体会别样的人生哲理。

马云刚创业时，英语班就解散了，但他还和同学们保持着联系，经常在一起聚会，说梦想谈未来。那时候的他经常出差，全国各地跑，有时同学们就把聚会的详情通过电话告诉他。一次，一个同学又打电话给马云说聚会的事情，当他们聊到某位女同学因为各种原因还单身时，马云开玩笑地说道：“告诉她，遇见个好人就嫁了吧，不要惦念我了！”话还没说完，电话那边的同学就笑了起来。

我们都知道，在日本有个人帮了马云大忙，他就是孙正义。创业期间，马云常去日本出差，有时回国在机场候机无聊时，常会和其他的同事一起玩几局围棋。

围棋在日本是很普及的，就像中国的乒乓球、巴西的足球一样，所到之处高手云集。当他们下棋时，就有一起候机的日本人过来看。

马云说："有一个老头，过来看了一会儿，摇摇头，走开了；过一会儿，有一个小孩过来，看了一眼，也摇摇头，走开了。我觉得不能再丢中国人的脸。怎么办？围棋水平一下子提高也是不可能的，于是，我们改下五子棋。五子棋，我可是打遍天下无敌手，要看，就让他们看吧。"

在这里，马云用实际行动小小地幽默了一把，他利用自己的长处弥补了自己的不足，让别人看不出什么门道来，因此也就不会对他妄下结论了。俗话说："懂得的看门道，不懂的看热闹。"既然连老人和孩子都能轻视我马云下围棋的技术，那索性换一种只能让他们看热闹的技艺，告诉他们，你也不是全都懂的！

2008 年，金融危机向全世界蔓延开来，但中国相对其他国家来说要好得多。在这一年的"中国企业领袖年会"上，马云又幽默开讲。他说："今天中午我在外面吃饭，餐厅老板问我，你预计危机明年会结束吗？我说，明年下半年就可以了。他说，明年下半年就可以？我说，明年下半年你就适应了。"

这就是"马云式"的幽默，用轻松来表达严肃，但不失严谨。在这种场合下，几句漂亮的用语，顿时将金融危机之感化解于无形，更不会让人觉得不适或唐突，反而能给人一种向上的力量，让人觉得经济危机也不是那么可怕，更不是什么过不去的坎儿，肯定能在适应中解决。

当生活乏味时，人们需要惊喜、激情、幽默等精神调味品来调和一下，那样人们将会从中获得乐趣，从而享受生活的快乐，提高学习和工作效率。

幽默是智慧的重要表现形式之一，懂得幽默的人一般知识都比较丰富，同时还具有审时度势的能力。一句看似笑话的语言可以增加人与人之间的亲密度，也能化解尴尬气氛，使谈话呈现出更好的效果。

林语堂是一位文学巨匠，同时也被尊称为“幽默大师”，“幽默”这一词语就是他富有创造性地把英文“humour”音译为中文而得来的。随后，该词语很快便在我国流行开来。很多人曾当面夸赞林语堂，但他在自己的《八十自叙》中谦虚地说：“我并不是一流的幽默家，而是在我们这个假道学充斥而幽默则极为缺乏的国度里，我是第一个招呼大家注意幽默的重要的人罢了。”

林语堂的幽默已有很多人领会过，有一次，他受邀参加一个学校的毕业典礼，在他演讲之前，各方冗长乏味的官方话语让学生们昏昏欲睡。最后，当校领导请林语堂上台作压轴发言时，他站起来只说了一句话：“绅士的讲演，应当像女人的裙子，越短越好。”说完他走下讲台，台下顿时掌声雷动，欢呼叫好。演讲结束后，同学们都快快乐乐地散会吃饭了，林语堂的一句话也成为他们这顿饭的谈资。

“幽默”一词是林语堂翻译过来的，关于其定义，他曾经这样解释：“幽默是一种人生的观点，一种应付人生的方法。幽默没有旁的，只是智慧之刀的一晃。”

在幽默这方面，有许多名人、大师都做到了极致，他们的幽默表达方式都有共同的特点，那就是不刻意，不做作，顺手拈来，水到渠成。不论是马云、林语堂，还是罗斯福、马克·吐温，他们的幽默语言都蕴含着丰富的人生哲理——让人看待问题变得乐观，不管什么时候听他们说话，都可以获得轻松和愉悦的心情。

懂得幽默的人肯定是一个受欢迎的人，在与人相处的时候，不要只想着做一个倾听者，还要有意识地说几句风趣幽默的话，做一个快乐的、能调节气氛的人。只有具备了这种幽默的意识，并从说话中锻炼，才能随时随地表现幽默。一个人一旦有了幽默感，无论走到哪里都能成为大家关注的焦点。

放下身份，自我调侃

“我为什么能活下来？第一是因为我没有钱，第二是因为我对‘internet’一点不懂，第三是因为我想得像傻瓜一样。”

“阿里巴巴从成立以来一直备受质疑，从八年前我做阿里巴巴开始，一路上我都是被骂过来的，都说这个东西不可能。不过没关系，我不怕骂，在中国反正别人也骂不过我。我也不在乎别人怎么骂，因为我永远坚信这句话，你说的都是对的，别人都认同你了，那还轮得到你吗？你一定要坚信自己在做什么。”

承认自己没有钱，坦然自己不懂互联网，把自己看作傻瓜，不怕被人骂，这就是马云的高明之处：用一种自降身份的技巧来表明自己无所掩饰的真诚。这样并不是自取其辱或自断其路，而是另一种剑走偏锋的高明。2017 年，马云被人调侃“三星堆青铜人面很像马云”，马云却回应“还挺帅的”。作为阿里巴巴创始人，马云长相一直被人“调侃”，然而他自己却并不忌讳，相反还乐于接受，甚至还自我调侃。

在“第三届世界浙商大会”上，马云讲道：“我个人觉得战略是不能复制的，任何能被复制的东西都是复制品，真正不能被复制的都是艺术品，就像我脸长成这个样子，那叫作艺术品，对吧？”说到这里，台下的观众都禁不住笑了，大家都不约而同地为他精彩的“自我调侃”而鼓掌。

自我调侃就是“自我解嘲”“拿自己寻开心”，用自己的一些缺陷、不足来幽自己一默。有时候，不伤大雅的自我调侃反而能让别人感受到一种无间的距离，这看似是自降身份、自贬其才，但其实是传递着一种真诚、亲切的互动信息，让沟通的氛围更显诙谐有趣、和谐真诚。

有一年，网友晒出的一张红衣小男孩的图片火得一塌糊涂，因为他长得和马云实在是太像了。不单貌似，简直神似，网友笑称这是马云小时候。后来有人就讨论，要是马云本人看到这幅图片会是怎样的心情呢？是勃然大怒，还是避而不谈？

结果马云还真表态了，同时还把图片整理成连环画，自娱自乐，并在社交网络上调侃称：“乍一看这小子，还以为是家里人上传了我小时候的照片，这英武的神态，我真的感觉自己是在照镜子啊。不过当年的我手里拿着的可是‘板砖’，而且每天早上出门时衣服上是整齐的五颗扣子，回家时从来不会多于两颗扣子……”

众网友被马云的自我调侃逗乐了，在实际的生活中，马云不只做了这一件自我调侃的事。他还搜集了一些画，有名人毕加索的画，还有网上的关于自己的异类造型的画，通过自己的仔细加工，再配上恰当的点评，然后又上传到网络上逗大家开心。以至于网友说：“段子手们哭晕在厕所。”在大家看来，这不是一个千亿级的商业大佬该做的事，他应该是端坐在办公室办公，或不苟言笑地对员工发派任务。但马云却不愿做这样的人。

因为自信，所以才敢自嘲。马云用自嘲的方式向人们展示出了一位IT 大佬风趣幽默的一面。我们喜欢他，同时也佩服他。现代社会就需要马云的这种自嘲精神与风度，而做一个不是普通的普通人才是人生的最高境界。

在 2015 年参加斯坦福大学的一次活动中，马云就说了：“大家都说我长得丑，我觉得我只是长得比较独特罢了。”马云还说过：“你第一眼看觉得长得挺好，时间长了，就腻了，越看越不好看。而长得难看的人，虽然第一眼看确实很难看，但越看越觉得好看。”用幽默去调侃自己的缺陷和不足，缺陷和不足就会显得不足为道，他人也会愉快地接纳你。马云肯定是已经深深理解了这一点。

马云虽然其貌不扬，但知道他的人都说他口才极好。只要是他拿起话筒，他就能如一块磁铁一样牢牢地吸引着所有人的注意力。他曾说，自己和阿里巴巴能走到今天就是“盲人骑瞎虎”：自己眼睛是瞎的，骑着的老虎也是瞎眼的，一路颠簸到现在。这当然是一个成功的创业者谦卑的表达，但这其中蕴藏着马云机智的商业头脑和高超的语言艺术。马云的这种自我调侃方式，每次都能引起全场听众发出热烈的掌声，几乎所有人都为马云的机智幽默拍案叫绝。

我国现代著名学者胡适在文学圈里是出了名的怕老婆，许多朋友喜欢拿这事开玩笑，胡适就自嘲说：“夫人是属老虎的，我是属兔子的，兔子当然怕老虎了。”有一次，朋友从巴黎寄给胡适十几个法国古铜币，因钱上有“PTT”三个字母，读起来谐音正巧为“怕太太”。胡适与几个怕太太的朋友开玩笑说：“如果成立一个‘怕太太协会’，这些铜币正好用来做会员的证章。”

1977年，文化大师启功先生在自己66岁时，自撰了一篇诙谐生动的小传：“中学生，副教授。博不精，专不透。名虽扬，实不够。高不成，低不就。瘫趋‘左’，派曾‘右’。面微圆，皮欠厚。妻已亡，并无后。丧犹新，病照旧。六十六，非不寿。八宝山，渐相凑。计平生，谥曰陋。身与名，一齐臭。”这篇小传如今就刻在其墓碑上。

不论是胡适先生还是启功先生都是德高望重的大师，广受人们的尊敬。他们平易朴实，没有一点傲气，丝毫不把自己的身份往高处抬，这才是真正的大师级风范。而他们的这种自嘲的精神、自我调侃的乐观态度值得我们每一个人学习。

自我调侃并不是自我嘲弄，更不是自我作践、轻视，这和鲁迅笔下的阿Q精神完全不同。自嘲是一种幽默的生活方式，古往今来，能被称为“幽默大师”的人没有不自我调侃的，但他们也都是非常有才华的人。再说“金无足赤，人无完人”，能把自我缺点大方地与人分享，人们反而觉得这根本算不得是缺点了。

打个比方，形象生动

“我既要扔鞭炮，又要扔炸弹。扔鞭炮是为了吸引别人的注意，迷惑敌人；扔炸弹才是我真正的目的。不过，我可不会告诉你我什么时候扔鞭炮，什么时候扔炸弹。游戏就是要虚虚实实，这样才开心。如果你在游戏中感到痛苦，那说明你的玩法选错了。”

这段犀利的话语出自马云之口，他的话中有“鞭炮”“炸弹”“游戏”这些在现实中常见的词语，他把公司的运营模式比喻成前面的几个词语，这样的表达方式既通俗易懂，又不失幽默风趣，同时又能起到激励人心，鼓舞士气的作用。

很多幽默大师的经典话语都离不开巧妙的比喻。而比喻就是将两个本不搭边的情景进行转换和融合，拿这样一个东西去说另一件事，这样既能将想要说的话表达得更具体生动，给人留下深刻的印象，同时还可以达到幽默的效果。

“我深信不疑我们的模式会赚钱，亚马逊是世界上最长的河，珠穆朗玛峰是世界上最高的山峰，阿里巴巴是世界上最富有的宝藏。一个好的企业靠输血是活不久的，关键是自己造血。”

“互联网是影响人类未来生活 30 年的 3000 米长跑，你必须跑得像兔子一样快，又要像乌龟一样耐跑。”

以上两段是马云在公司动员大会上发表的一些言论，前者十分恰当地利用打比方的手法把公司盈利模式比作“宝藏”，拿阿里巴巴和“亚马逊河”“珠穆朗玛峰”相提并论，振奋人心；后者又用“龟兔赛跑”比作员工和互联网的竞争关系，使人一下子就明白其中所蕴含的道理。马云用比喻说话不仅给人一种形象生动的感觉，而且使想要表达的内容变得浅显易懂，便于人们的理解。

1999 年年初，当时的全球互联网所做的电子商务，大部分还都是为全球顶尖的大企业服务的，而马云深知中小企业的困境，于是就想为中小企业做一些事情。他这样说：“国外的 B2B 都是以大企业为主，我以中小企业为主。鲸鱼有油水，资金、人力、技术都很充足的大公司，像 Commerce One Ariba 这样的欧美公司来到中国，它们的目标是找鲸鱼。可是中国没有多少鲸鱼，即便是有为数不多的几条鲸鱼，其中还有些是不健康的——贸易流程不一样、信息化程度低等等。”

马云将大企业比喻成“鲸鱼”，将中小企业比喻成“虾米”和“蚂蚁”，一段非常专业的商业语言就变得浅显易懂，生动形象了。

从马云的各种谈话、演讲中，我们能发现，他特别喜欢用比喻这一修辞手法。

一次，马云在点评公司员工业绩的时候说："一个公司发展 15 年、20 年、25 年，你参与以后经历了各种灾难，比如非典，我们都熬过了。我们后五年会更加精彩，五年以前没有人知道我们，我们是在水下面，今天浮出来了。所有的弓箭枪都对准我们的时候，我们要狂奔 10 年，等到这个过了便是一生的财富。"

马云把阿里巴巴沉寂无助的五年比喻成"在水下面"，暗喻为"潜龙"，把对手比喻成"弓箭"，把现在的成功比喻成"浮出来"，好像潜龙飞升上天的出头之日。暗合了一句古语：不鸣则已，一鸣惊人；不飞则已，一飞冲天。真的是非常形象地描述了阿里巴巴的成长之路。

马云还把自己比喻成"菜鸟"，他曾解释道："笨鸟先飞，飞了半天还是笨鸟，而菜鸟还有机会变成好鸟。我们取这个名字是要不断提醒自己，我们要对社会有敬畏之心，对未来有敬畏之心。"马云紧抓"笨"与"菜"的区别，强调"敬畏"二字，让人为之动容。

钱锺书是一位广受人们推崇的文学大家，他不喜欢媒体采访，也不接受各大学请做教授、顾问的请求，他说："不必花些不明不白的钱，找些不三不四的人，说些不痛不痒的话。"《围城》可以说是钱锺书的代表作，因为这本小说写得实在太好了，国外的很多人都成了他的粉丝。一次，一位外国女记者读了钱锺书的《围城》，被里面的内容深深吸引，于是非想认识一下作者，见见钱锺书本人。钱锺书知道了之后回了一封简短的书信："假如你吃了鸡蛋，觉得好吃就行了。何必要看生蛋的母鸡是什么样子？"

你说，钱锺书是不是很幽默呢？是不是从心底已经被他的幽默所折服了呢？这就是幽默语言所发挥的效果，直观坦白，妙趣横生。

罗斯福是美国历史上最伟大的总统之一，他深受美国人民的爱戴。他也是迄今为止唯一一位连任四届的美国总统。1944 年 3 月 25 日，在庆祝晚会上，《先驱论坛报》的一位记者采访罗斯福，问他对连任四届总统之事有何感想。罗斯福笑而不答，他请记者吃了一片三明治，记者觉得这是一件很荣幸的事，很快就吃下去了。然后罗斯福又请他吃第二片，记者又吃下去了。这时，罗斯福还是不说话，又请他吃第三片，尽管记者已经吃饱了，但他还是硬着头皮吃下去。当罗斯福准备请他吃第四片时，记者直摇头摆手，这时罗斯福微笑着说："现在已经不用回答你的问题了，因为你已经有了亲身的感受。"

罗斯福总统这一回答方式已经超出了比喻的范畴，达到了一个更高的层次。他把语言转化为更具有说服力的行为方式，让提问者亲自感受并体会自己的立场，结果就不言而喻了。这种行为上的比喻更让人记忆深刻，并为之深深折服。

无论是面对众人发言演讲，还是平时和朋友说话聊天，如果能利用比喻的技巧说话，就能使自己的言谈更加深入人心，说的话也就更加令人信服。想要有钱锺书、罗斯福、马云这样较强的比喻能力，首先要拓展自己的眼界和思路，做到多看、多听、多记、多写，只有脑袋里有东西，肚子里有墨水，才能说出精妙的比喻来。

巧妙赞美，亲切随和

“今天到北大演讲心里特别激动。我一直把北大的学子当作我的偶像，一直考却考不进，所以我想如果有一天我一定要到北大当老师。”这是马云在一次北大的演讲中所说的话。

一个身价千亿的中国富豪，竟然直白地对一群穷酸学生表达羡慕之意。在这短短的几句话中，他用了几个非常富有吸引力的词汇——“特别”“激动”“一直”“偶像”，试想，有一个人当面对你说，你是他的偶像，你会不会十分开心呢？更何况讲这句话的人还是马云！就这样，马云上来就俘获了听众的心，获得这样的演讲效果要归功于他惯用的爱夸赞别人的讲话技巧。

人人都爱听赞美的话，即使是那些已经成功的人，也愿意被别人夸赞。赞美如春风拂面，让人心头惬意。所以，沟通高手都懂得将赞美的话挂在嘴边，时不时地说出那么几句，就能收到奇妙的效果。

马云的开场白一般都是简单明了的，就像一群朋友面对面在聊天，他曾说："谢谢大家，听大家在讨论，很开心，很多想法都在撞击我。"马云常常把"谢谢"挂在嘴边，他到哪里讲话，第一句话总是"谢谢"，他感谢每一个人，甚至竞争对手和敌人。在这里，他又使用了惯用的"伎俩"——他说"谢谢大家"。相信每个人都愿意听到别人的感谢，这是对自己的肯定和认可，也是人与人之间表达的最美好情感。

阿里巴巴每年都会邀请一些政界名流、文体明星、业界大腕来到杭州西子湖畔，参加阿里巴巴每年一次"西湖论剑"活动。2010 年 9 月，马云邀请了一位重量级人物——好莱坞电影巨星、美国加利福尼亚州州长阿诺德·施瓦辛格。这是继克林顿之后第二位登上"西湖论剑"的美国政界"侠客"。

两人刚见面，马云就操着一口流利的英语真诚地说："我是您的粉丝，我几乎看过您主演的所有电影。您强健的肌肉让人看到一种无穷的力量。我练了 20 多年的肌肉都'突'不出来，请问您有什么秘诀？"人们所熟悉的施瓦辛格就是肌肉硬汉的代表，马云的赞美紧抓重点，短短几句话就把两人的关系拉近了，施瓦辛格自然愉快地分享了自己的健身秘诀。

活动前马云说："我的'西湖论剑'活动马上就要开始了，去年我请来了克林顿，今年我想到了您。您曾是世界健美冠军、好莱坞电影明星，后来又成为拥有亿万资产的成功商人，现在是美国的一位州长。可以说，您是一位成功的'多面体'，一个人就代表了政治、文艺、体育、环保、商界等多个方面，因此说，我邀请您这样一个多才多艺的嘉宾就可以代替多个嘉宾，这就是我请您来‘论剑’的理由。”

马云的每句话中都透露着对施瓦辛格的欣赏和赞美，他先说前期请到的是美国的前总统克林顿，紧接着又说请到阿诺德·施瓦辛格，言外之意就是说能够参加这次“西湖论剑”活动是一件很荣幸的事情，连你们国家的总统先生都来过，这从侧面已经给施瓦辛格戴上了一顶高帽子。作为施瓦辛格本人，他自然心中很高兴了。

人是感情动物，做了什么事情之后通常都希望得到赞美、支持和表扬。即便一个人把事情做错了，好心办了坏事，那么他需要的也是别人的理解，而不是一味地指责或者无实际意义地鼓励。赞美是一个人发自内心的对于美好事物的表达，是真正的认可和欣赏，不是趋于表面上的阿谀奉承，甚至虚伪巴结。一句发自肺腑的赞美可以让失败者重新燃起希望的火把；一句由衷的道谢、称赞能让犹豫者更加坚定自己前进的步伐，给予他们力量。正所谓：良言一句三冬暖。赞美的力量就是如此强大。

成功学大师拿破仑·希尔曾说：“人类最深的需要是渴望他人的赞美。”马斯洛是研究人类行为学的著名学者，根据他多年潜心总结的“需求金字塔”原理我们可以得出，人除了最基本的生存需求外，还要有更高层次的需求，也就是精神食粮带来的身心愉悦，而精神食粮之一便是赞美。

在一个公园的雕塑下，一位老人衣衫褴褛，每天都会出现在这里卖艺求生。他拉奏的二胡婉转动听，很精彩，因此有很多路人、游人施舍给他钱财。少则五角一元，多则五元十块，不一会儿，他面前盒子里的钱就堆积如山了。但老人从未看满满的钱盒，只是闭目坐着，入神地拉着自己的二胡。

忽然，一阵稚嫩的掌声唤起了老人的注意，"老爷爷您拉奏的二胡真是美妙极了，可惜我没有钱给您。"站在老人面前的是一位八九岁的女孩儿，扎着麻花辫，可爱极了。老人的脸上露出了欣慰的笑容，"没关系，孩子，你已经给了我世界上最好的东西。"原来老人一直期待的就是赞美声。

在老人看来，小女孩那一句真心的赞美胜得过他面前满纸盒的金钱，儿童的话往往是最真诚纯洁的语言，它确实是世界最好的东西。林肯曾说："每个人都希望受到赞美。"因为它是一种精神的褒奖，不是金钱所能换得的幸福感。

不管是故事中靠卖艺为生的老人，还是高档办公楼里的金领、白领，他们都有追求赞美的内心需求。人际关系学家卡耐基曾说："喜欢被人认可，感觉自己很重要，是人不同于其他低级动物的主要特性。"莎士比亚也说："赞美是照在人心灵上的阳光。没有阳光，我们就不能生长。"

孩子得到师长的赞美，就会更听话乖巧；师长得到孩子的赞美，就会更慈祥仁爱；下级得到上级的赞美，就会更努力工作；上级得到下级的赞美，就会更体贴关怀。所以每个人都应当在合适的时候积极赞美别人，让他人收获快乐，自己得到爱。

普通的溢美之词谁都会说，但不能感染人，达不到想要的效果。所以，如果真想赞美他人，就应该拿出真诚，不要凭空说白话，要有实际有重点，不能太空泛，最好具体地赞美其某个细节，让自己信服，也让别人信服。

机智幽默，化解尴尬

近几年，芒果台的《我是歌手》节目可谓是红遍大江南北，尤其是最后的“歌王争霸赛”，收视率也是极高的。

2015 年，《我是歌手 3》中孙楠突然宣布退赛，相信许多人都看了那一场景，有的还不止观看一遍。作为本场节目的唯一主持人——汪涵，临危不乱，凭借着过硬的主持功底和极高的素养机智救场，将这场意外成功化解。一时间汪涵成为主持界中“顶级的存在”，受到同行及国人的一致好评，很多人都说：“这届《我是歌手》总决赛汪涵才是最大的赢家。”

在生活和工作中，我们都会遇到各种各样的尴尬事或突发状况，有些是因为自己的某些语言、行为上的不恰当；有些又或许是他人的行为、语言上的不合适，此时，如果我们能机智巧妙地应对，迅速化解尴尬局面，那么我们就能挽救局势，保证自己的良好形象。因此说，在关键时刻学会化解尴尬是非常重要的。

人们有时会遇到他人不怀好意的刁难或攻击指责，这时又有什么行之有效的方法进行回击呢？英国杰出现实主义剧作家萧伯纳的一段轶事也许能给我们一些有益的启示：

1892年，萧伯纳的剧本《巴巴拉少校》第一次在英国国家剧院隆重公演。这引来了社会各界名流的到场观看，就连伦敦市市长也坐在了第一排观看。整个演出过程中不断传出观众热烈的掌声与欢呼声，这场公演注定是成功的。

闭幕后，萧伯纳要上台发言，正当他拿起话筒要讲话时，却有一个观众跑上台来，用手指着萧伯纳说道："萧伯纳，你不要洋洋得意了，你以为你这个恶心的破剧写得很好吗？我看了都想吐！你还好意思站在这里发言，拜托你别丢人现眼了……"

这突如其来的指责令台下的观众都傻眼了，大家都吃惊地看着萧伯纳和辱骂萧伯纳的人，很多人都为萧伯纳捏了一把汗，以为萧伯纳会很生气，拿出理由激烈反驳。但萧伯纳只是微微怔了一下，随后竟然面带微笑地向那人鞠了一躬，并说："真是感谢你啊，这位朋友！我与你的想法不谋而合，别人怎么不早点指出这大毛病呢！可惜我俩的力量太小了。"萧伯纳随即指着场上的观众说，"你看，他们都不赞成我俩的看法，看来有意见也只能保留了。"

此时现场响起了热烈的掌声，观众们为萧伯纳机智巧妙的反驳深深折服。面对别人不怀好意的刁难或指责时，最好的做法不是立即反驳，也不是无动于衷。而是用平和的心态，欲扬先抑，反之而行，再避重就轻地幽他一默，巧妙地化解尴尬。

2011 年，马云与周星驰同时现身中国传媒大学进行“巅峰对话”，这引来了全校师生的关注，现场气氛十分热烈。周星驰现场直言：“我想找马云拍电影，他喜欢演什么都可以，喜欢和哪一个女演员合作，我也可以尽量想办法达成。”

周星驰还说：“我认为《西游·降魔篇》唯一的遗憾就是马云没有演孙悟空。”

听完周星驰的话，马云当时笑呵呵地解释道：“主要是我档期太满、片酬又高，他请不起。”马云的这句幽默的话既恰到好处地拒绝了周星驰的好意，也避免了现场气氛的尴尬，不至于给人以一种耍大牌、请不动的感觉。

国家的领导人代表的都是国家形象，他们在各种场合下的一举一动都会引来世人的关注。那么，他们遇见尴尬境况时会如何应付呢？

二战时期的丘吉尔无疑是位卓越的领导人，他带领英国人民取得了世界性的反法西斯战争的胜利。一次，丘吉尔在某地举行公开演讲时，台下递上来一张纸条，没想到上面写了两个不和谐的字——“笨蛋”，旁边的人还都看见了，这下丘吉尔可真尴尬了。大家都知道丘吉尔的手腕，他可不是个肯吃亏的人。只见他神色自若、一个脏字都不带地对台下观众说：“刚才我收到一封信，可惜写信人忘了写内容，只署了个名。”说着还把纸条反过来让人们都看看。只听台下一阵哄笑，随即热烈的掌声响起。

社交场合中，广受欢迎的人往往就是深谙方圆之术的人，这里的“圆”是圆通、圆场而不是圆滑。常用的有审时度势找平衡、急中生智幽默化、调侃自嘲搭台阶、指鹿为马巧解释、善用假设避锋芒、善意曲解化干戈等。只要我们能掌握好这几种方法，相信人人都能在沟通中游刃有余，如鱼得水。

利用乐观，感染他人

“在互联网最痛苦的时候，在2001年、2002年的时候，我们在公司里面，讲得最多的一个词，也是我给所有的同事和我自己所说的，就是——活着，活着就有希望。”马云说这句话的时候，拳头攥紧，手臂用力向上挥舞。然后，他又语气坚定地说：“我那个时候说，只要全部的互联网公司都死了，我们还跪在地上的时候，我们就是有希望的，因为我们坚信我们的理想，坚信互联网。到现在，中国企业全球化，受到重挫，包括我们自己也一样，面对越来越多的国外公司的打击的时候，我永远相信，只要是永不放弃，我们还是有机会。最后，我还是坚信一点，这个世界上只要有梦想，只要不断地学习，不断地努力，不管你长得如何，也不管你是否有钱，不管这样那样，你都是有机会的。”

乐观的心态可以为一个人扫去阴霾。乐观是一种难能可贵的品质，是

一种正能量，无论何时何地，我们都要保持着积极向上的乐观心态，尤其是面对困难的时候。马云是一个从来都不认输的人，他懂得给自己打气，激励自己。他从来不害怕困难、挫折，这些从他的一些演讲里面就能窥探一二。而且，他还善用自己的乐观和正能量去感染别人。

有一次，马云在大学做演讲，演讲主题是《永不放弃、笑对人生》。演讲当天，人山人海。演讲结束后，有学生问马云："马云先生，您好。我一直都很喜欢您以及您的演讲。作为一名男性，毋庸置疑，您本人是非常成功的。因此我想问一下，就您个人来讲，认为男性身上的哪些品质是您最欣赏的？"马云微笑了一下："首先，我要谢谢这位同学对我本人以及我演讲内容的肯定；其次，我要谢谢这位同学对我的信任，他能够对我提出这个问题，说明至少在他眼里，作为一个男性，我还是比较成功的；最后，我认为一个男人身上如果拥有'乐观看待世界'这个品质的话，我会非常愿意同他做朋友。谢谢。"马云刚说完，台下又一个提问："如果是女性呢？马云先生，您认为女性应该具备什么样的个人品质呢？"马云微笑地看着提问者："这位女士，您的问题问得很好，就我个人而言，我很希望看到一名女性无论在任何时候、任何情况下，都可以做到乐观看待自我。希望我的回答能够让您满意。谢谢。"说罢，台下响起雷鸣般的掌声。

在另外一次演讲中，马云这样说道："没有人是完美的，社会不可能完美，因为社会是由所有不完美的人组成在一起的，你的职责就是比别人多勤奋一点、多努力一点、多有一点理想，这样世界才会好起来，我就是这么走过来的，我没有任何理由，唯一的理由是我比我同龄一代的人更加乐观，更加会找乐子，更加懂得左手温暖右手，相信明天会更好，就是这样。”多么温暖人心的话语，世界本不公平，你要坚强面对，马云以乐观的心态告诫大家：人生多艰难，但若积极向上，坚持不懈地努力，定会成功。

2017 年 3 月 23 日，马云在马来西亚环球转型论坛发表了一篇《我的一生就是分享经历的失败和艰辛的理想》的演讲。演讲中，他为马来西亚的年轻的创业者总结的第一条创业小经验就是：乐观、坚持、不抱怨，才有机会。马云说，他以前从来没有受过培训，也不是一个有天赋的人，不听家人和老师的话；他去找工作，没被录取；他去考警察，没被录取；他去创业，没人愿意投资。但是因为他没有放弃，所以成功了。他觉得失败是一种磨炼，磨炼多了，成功肯定悄然而至。

信心能够使人产生非常强大的力量。相信自己能成功的人，就一定能获得成功。马云非常有自信，无论做什么事都很有底气，就好像一切都在他的计划当中。他一生经历了太多的失败、否定，但是他从不抱怨，他有着坚定不移的信心和乐观的态度，这是他取得胜利的法宝之一。

有一个女人出了车祸，两只手臂都被截掉，但是她竟然和正常人一样还能开车。电视台采访她的时候，她睿智的思想、优雅的谈吐和上车时那娴熟的动作，让人瞬间就忘掉了她是一个残疾人。记者惊呆了，问她：“您是怎么做到的？”那女孩儿露出洁白的牙齿：“我要让我的双脚代替双手，时间一长就习惯了。”乐观的人看到的是未来，看到的是希望，他们从不抱怨。因为他们知道，若他们沉浸在无边的抱怨中时，机会就会从他们身边悄悄溜走。

现代社会，打高尔夫成了很多商业人士都非常喜欢的一项运动，在高尔夫球场上，洽谈生意往往要比在办公室里，甚至是饭桌上要轻松得多。高尔夫球场，不仅仅是球技展现的地方，更是体现一个人的学识、胆量和远见的地方。在这里，你的心态、精神、气质、魅力将一展无遗。

倘若高尔夫在你的观念里仅仅是一项娱乐运动，说明你本身还没有真正地了解高尔夫，打高尔夫球实际上是对自己进行挑战，要求人具有能够吃苦耐劳的精神，还要学会坚持不懈地为了自己的梦想而努力，这也是为什么人们热爱高尔夫的原因。马云作为商业精英中的佼佼者，高尔夫也是他爱好的运动之一，他认为打高尔夫可以在身体和精神上都能够有所收获。

十年前，马云在接受采访的时候，曾经说过一段富有哲理又不失幽默的话，人们称其为“高尔夫哲学”。他说：“高尔夫是一项不断追求进取的运动。打高尔夫要永不后退。要坚持打完 18 洞，不管是低于标准杆，还是 100 多杆，你都不能后悔。就像生命，一旦开启，不管好与坏、顺与逆、痛苦与悲哀，都只能向前。”

马云说：“尽管我打高尔夫球的成绩说不上出众，但好在我有一个乐观的心态，而且我一直觉得，打高尔夫球的乐趣一定要和朋友们一起分享，成绩如何你不用太在意，重在‘掺和’嘛，要知道，独自一个人在人生地不熟的球场中孤独挥杆，那可是一件可悲之事啊！”

批评，也要讲究技巧

没有谁是圣人，况且圣人也会犯错。犯错就要接受批评，这时候，批评可能来自家长、老板、领导等等。我们每一个人都会扮演被批评的对象，毕竟人无完人。同样，我们每一个人也都会扮演批评者的角色。那么，你知道怎么合理、恰当地批评人吗?

批评不是对犯错人一顿臭骂就了事的，也不是说一句“你错了，下次改了就行”这样不疼不痒的话就算了的。批评也是讲究技巧和艺术的。对于批评，马云说了这样一句话，他说：“永远把别人对你的批评记在心里，别人的表扬，要把它忘了。”

在英国的一个博物馆里挂着这样两幅图：人体骨骼图和人体血液循环图。这是约翰·詹姆斯·麦克劳德在上小学时的作品。几十年前，约翰还是个小学生，好奇心特别强，对解剖学充满了兴趣。有一天，他突发奇想，很想看一下狗的内脏结构，于是，他和同学们一起找来一条狗并鼓足勇气将它杀死，然后把狗的内脏取出来仔细观察。

最后，他们发现杀的狗竟是校长家的狗。心爱的狗被杀死了，校长心中很难过，但他毕竟是做教育工作的。于是他想了一个新颖的批评方式，他没有直接批评约翰残忍地杀害一个小生命，而是问他从中学到了什么知识，然后罚约翰画一幅人体骨骼图和一幅血液循环图，约翰欣然接受了。于是就有了前面提到的两幅画。约翰后来成为著名的解剖学专家，并于1923年获得诺贝尔奖。

把批评转化为被批评人的动力，并让其受到启发得到成长，才是批评的最终目的。不管是老师，还是领导、管理者，在生活或工作中，如果直接批评他人，不论怎样都会令人感到难堪，即便是好的建议也不易被他人接受。但是，如果能先赞扬别人，然后再委婉地说出批评的话语，这样往往比直接上来就说批评的话，更容易让被批评人接受。

马云是个大忙人，会见外宾更是家常便饭。美国总统特朗普执政后，马云与其进行会面，商谈一些合作事宜。在商谈事务的过程中，马云的好口才又一次展现了出来：

面对众多记者，特普朗说："He loves this country，and He loves China！（马云爱美国，也爱中国！）"

马云当然不会上当，随即补充说："Yes I do，I love China and I love America。（是的，我爱中国，也爱美国。）"

聪明机智的马云当然不会上当，当然他也不会直接反驳，更不会当面批评，他承认自己也喜欢美国，但是他颠倒了顺序，先说自己"爱中国"，然后再说"爱美国"。马云的政治敏感度让他明白"中国"和"美国"的顺序是绝对不能颠倒的。在说这句话的时候，马云既维护了自己和祖国的权益，同时也没有驳特朗普的面子，真是一箭双雕。这点得到了众网友一致的点赞，人人都竖起大拇指。

“儒释道文化是中国传统文化的精髓，你们都批评中国文化，那么我问一下，你们在座的二十几个人有几个真的看过老子的《道德经》，孔子的《论语》？如果你对别国的文化不了解，你就没资格批评！”这是马云的一段反驳话语，看来他有些生气，语言显得犀利一点。

这是关于马云的真实案例，他说他和一些美国企业家在一个很知名的机构开座谈会，在这其中就谈到了东西方文化，但这些高管们对中国的文化很是有意见，且非常普遍，都是持批评态度，还说了很多的中国文化的弊端。马云听后就反驳了上面一段话。

毛主席曾经说过：“没有调查研究就没有发言权。”弄清事实才是正确批评的基础。那些所谓的美国企业家高管们，不分青红皂白就开始胡乱批评中国文化显然是不对的，是盲目的。别说是马云，换作任何一个中国人都不会接受这样没有根据的批评。

批评是一种艺术，掌握其技巧会为我们的生活和工作带来诸多益处。批评应该注意场合，注意时机，该委婉时就委婉，应犀利时就犀利。好的批评使人听了会感到如沐春风般的舒适，并由衷地接受，反之不仅不会让人接受，甚至可能会引起争吵。

Chapter 07

机智博弈，攻无不克

——谈判与沟通技巧

用开场白表现立场

“一个好的开场白是成功的一半。”这句话是非常有道理的。一个好的开场白就像一杯香浓的咖啡，喝者会瞬间被其浓郁的香味所吸引。与之相反，如果开头就不好，相信十有八九的听众对演讲者接下来的话也就没什么兴趣了。

商务谈判的第一步是开场白，这对于整个谈判的成败至关重要。一个好的开场白不仅能够为自己增加自信，也能营造活跃的气氛，消除因谈判带来的紧张感。由于开场白的作用举足轻重，很多人不禁发出感慨：“一开始谈判，就总是容易紧张，怕谈判失败。”于是，他们就对客户低声下气，甚至把客户当作自己的上司，轻言轻语、畏畏缩缩。在这样的情况下，谈判失败其实已成必然。

马云与“苏宁”张近东的谈判只进行了短短两个月，就促成了 140 亿元人民币的大项目。而且令人称奇的是，在这两个月内，双方只见过两次面。因为时间短，交易额大，所以这次谈判轰动了整个商业界。既然这场谈判如此有“看点”，我们不妨来细细分析一下：

马云与张近东的谈判团队都是年轻团队，于是，在谈判的过程中，他们首先提出对未来的畅想，致力创造一个新型的商业模式，希望双方齐心协力打造一个中国商界新的零售平台、新的组织平台。与平常的谈判不同，他们在开场的时候就标新立异又不约而同地否定了现有的商业模式，找到了彼此的共同点：建立一个新的商业模式。然后，他们站在一个更高的层面上来论证自己的新观点，很快就引起了对方的兴趣。

当年锤子科技创始人罗永浩在《一个理想主义者的创业故事》的演讲上，也使用了同样手法的开场白，目的是为了宣传他的培训学校。

首先，他否定了现有的观点：同行中过度营销、过度宣传，培训行业现在各种忽悠。然后提出了一个新的观点：我们的学校不像同行保证的那样神奇。来我们老罗英语培训学习，既要花大力气背单词，也要下苦功夫学语法，而且课程结束还不一定能保证其英语水平能提高多少，但最重要的是需要你的积累才能真正地提高水平。之后，罗永浩开始论证他的观点：虽然我说的效果没有别人承诺的那么夸张，但是我们一直踏踏实实，兢兢业业……

罗永浩跟马云的说话之道有些相似，罗永浩也是先否定现有的观点，以此吸引观众或客户的兴趣，然后再提出一个新观点，满足观众和客户的好奇心。最后，站在更高的层面上来论证自己的观点，使客户觉得：你有想法，讲诚信，值得信任。

实际上，谈判中以开门见山的方式开始也是一个不错的方法，在时间紧迫的情况下，开门见山肯定不会使客户烦躁。

马云是一个善于谈判的人，他在开场白的时候能够抓住客户的心理，引起客户的好奇心。1999年，孙正义给希望得到他投资的马云写信，相约在北京见面，地址是孙正义投资的UT楼上。当时，马云只用了短短六分钟就让孙正义下定决心为马云投资3500万美元。但是马云张口就说，只要2000万美元。这让决意投资3500万美元的孙正义更加好奇。

孙正义后来说："马云是非常特别的，他的两个眼睛闪闪发光，今天他的眼睛也是闪闪发光的，所以说我当时并没有太多关注他的商业模式的报告，我只看到了中国互联网的未来，我当时就意识到中国互联网的大时代要来了，我觉得我当时非常幸运跟他能有这样一个机会见面。"我们虽然没有目睹马云和孙正义谈判的情景，但是，仅仅在短短的6分钟里，马云就能让孙正义为自己投资上千万美元，我们可想而知，当时的马云应该是给了孙正义强烈的震撼的，不管是外貌还是表达。应该说，马云这个6分钟的"开场白"真是做到了位。

要讲好开场白，给人良好印象，就要学会用铿锵有力的声调来衬托我们的自信，来体现我们的诚意，表示我们的友善。同时，在开场白中，我们也要用目光来注视着对方，这也是充满自信的表现。如果不敢迎视对方的目光，那么就会使自己变得很被动，这无疑会对之后的谈判带来不利的影响。

齐国君要修城墙，很多人都劝他："城墙不能修。"但是齐国君不听，于是有个人就放出话说："我有办法用三个字说服国君，不信的话你们可以把我放水里煮了。”很多人嗤之以鼻，都觉得这个人是在找死。但他还是走到了齐国君面前说：“海大鱼。”然后转身离去。齐国君不解，问他：“什么意思？你给我解释解释。”那个人摇了摇头：“我不能说，超过三个字，你就会把我杀了。”

齐国君对这三个字好奇，于是说道：“我不杀你，但说无妨。”那人这才慢悠悠地说道：“海大鱼这三个字，意思是齐国就是你的海，没有任何人可以打败你，你如果在你的封池里修一道城墙，反而会引起秦王的怀疑，那么他以后就不会罩着你了。那个时候，你就会成为沙滩上搁浅的鱼，谁都可以打败你，修一座城墙怎么挡得住？”齐国君听了，再也不提这个修城墙的事了。

“海大鱼”这三个字不仅简洁，而且还包含着更深层次的意思和道理。所以才能成功地勾起了齐国君的兴趣，最终，齐国君也接受了那个人的提议，不仅没修城墙，也没杀那个人。所以，跟客户谈判的时候，别出心裁地使用开场白，是非常不错的选择。

但是，讲好开场白，并不意味着可以不择手段。你可以利用技巧来吸引客户，抓住客户，但千万不能欺骗客户。因为欺骗不可能一直得逞，谎言总有被拆穿的一天。坚守诚信，让客户相信你，让客户从内心深处接纳你，喜欢你，这样的谈判才能持续，也更容易获得成功。

用好“拒绝—退让”的策略

1999 年，马云和他的小伙伴们创立了阿里巴巴。创业是需要资金支持的，饿着肚子，怀着满腔热情可能会坚持一时，但很难持久。就在这年 10 月份的一天，他被安排与软银老总孙正义见面。

孙正义何许人也？有名的“网络投资皇帝”“雅虎的最大股东”“电子时代大帝”“网络的风向标”。当时，他搞了一个项目评估会，打算挑选一些有潜力的公司进行投资，就像现在国内许多投资公司一样。马云也被安排在与孙正义见面的计划之列。这对于初创企业的马云来说，自然是公司发展进步的一大契机。

项目评估会的协调人告诉马云：“你只有 6 分钟的时间进行讲解。如果 6 分钟听完了以后，大家对你的公司没有表达出任何的兴趣与意向的话，很显然，你没有说服他们，你也失去了这次机会，如果他们对你的话题感兴趣，大家互动问答的时间可能会久一点。”

如何在 6 分钟的时间内，把阿里巴巴的电子商务计划说清楚，并让投资方感兴趣？这显然不是件容易的事。此时，马云的语言天赋发挥了巨大作用。孙正义在听了马云五六分钟的介绍后，就初步了解了阿里巴巴的商业模式，随后，他立即做出了投资的决定。

“你们这个公司要做就要做成全世界一流的网站，你们这个网站有希望。马云，我对你们的项目很感兴趣，我一定会投资阿里巴巴。”

马云当时是怎样的考虑？我们无从得知。但有一条是非常显然的，那就是公司的腾飞急需一笔资金的注入，马云此行的目的就是为得到孙正义的投资。但是，马云在与孙正义对话时，却出乎所有人的意料，他没有按常理出牌，而是采用了一个不同寻常的谈判策略，显示了他超级的沟通天赋和博弈艺术。下面，我们来还原一下他们当时的谈话：

孙正义直截了当地问马云：“你需要多少钱？”马云回答得倒也干脆：“说实话，我并不缺钱。”孙正义有些疑惑不解，问：“不缺钱你来干什么，这不是‘此地无银三百两’吗？”马云也是毫不示弱：“又不是我要找你，是别人叫我来见你的。”

陈奕迅有首歌《红玫瑰与白玫瑰》中有这样的歌词，“得不到的永远在骚动”。是的，马云的这招欲擒故纵，反而进一步刺激了孙正义，引起了他更大的兴趣。临走时，他请马云去日本的时候一定要和他见面详谈。

没过多久，马云被邀请到了东京，和孙正义具体谈一些融资细节。孙正义单刀直入：“我们怎么谈？你的要求是什么？”这一次，马云再次利用语言技巧达到了他的目标。他说：“钱不是问题，但你必须同意我的三个条件。第一，希望你亲自来做这个项目，来主持公司的运作；第二，阿里巴巴只接受您口袋里自己的钱；第三，公司的运作向来是以客户为中心，我希望坚持这一理念。以阿里巴巴长远发展来看，风险投资如果只顾眼前利益是行不通的。”

双方的合作进行得很快，几分钟内，2000 万美元的投资就此敲定。2000 年 1 月，双方正式签约，软银帮助阿里巴巴拓展全球业务，同时在日本和韩国建立合资企业。

其实，在第二次与孙正义见面时，马云的真正目的是请孙正义做阿里巴巴的顾问，但他却首先提出要孙正义亲自负责这个项目。马云不可能不知道孙正义的身份和地位，哪有那么多的精力亲自负责阿里巴巴项目，所以孙正义一定会对他的这个要求进行拒绝。一旦孙正义拒绝马云的一次要求，那么当马云再提出一个稍低的要求时，他就很难再次拒绝了。事实情况也是如此，孙正义很痛快地就答应了。所以，马云不但缔造了 6 分钟“说”来 2000 万美元的融资神话，还成功地让孙正义答应了做阿里巴巴顾问的请求。这是马云的胜利。

马云在这场谈判中之所以能达到自己的目的，就是采用了“拒绝—退让”策略。

什么是“拒绝—退让”策略呢？可以举一个简单的例子。假定你想要某人同意你的请求，运用“拒绝—退让”策略就可能会增加你的胜算。具体的做法就是首先提出一个更高的请求，而且这个请求极可能会被拒绝，当然，如果对方同意就更好了。如果请求遭到拒绝，你可以再顺势提出一个低一些的请求，这个或许才是你真正感兴趣的。如果你很巧妙地表达出自己的妥协，对方会认为第二个请求是你做出的一个退让，这样本着互惠互利的原则，他就会适时做出一些让步。这就是“拒绝—退让”策略。

在“拒绝—退让”策略的影响下，人们不仅会同意你的最终请求，更加努力地履行协议，而且还可能会做出更多的承诺。对已达成协议，拥有更高的满意度，进而注入更多的责任感，这就是“拒绝—退让”策略最重要的作用。

马云堪称是运用这一策略的高人。之后，他更是将这一策略发扬光大，使自身“功夫”达到了炉火纯青的地步。这种策略不仅造就了阿里巴巴的辉煌，也成就了今日的马云。

说服他人，需要合适的方法

马云是公认的中国商业届的奇才。他既没有强大的背景，也没有雄厚的资金，但他有超级的口才。在任何情况下，他都能够用自己的“三寸不烂之舌”去“游说”那些不认同他的人。

马云说服别人有三大技巧：第一，换位思考。即站在他人的角度来思考问题，比如，适应对方的生活环境、了解对方的性格特点等。通过亲身体验来提高换位思考的能力，真正理性地看待问题，才能抓住问题的主要矛盾，从而有效说服别人。第二，名人效应。马云在一次演讲中引用了比尔·盖茨说的一句话“互联网将会改变世界，改变未来”。其实，这句话是马云自己说的，只不过是借助比尔·盖茨的知名度和影响力来引人注意、强化事物、扩大影响。第三，用真诚打动别人。刚见到客户的时候，不要极力地推销自己的产品，而是用自己的真诚，引起客户的兴趣，才能使双方的谈话顺利地进行下去。用真诚对待客户、感染客户，客户虽然可以拒绝产品，但是不会拒绝一颗真诚的心。用真诚去打动客户，将心比心地抓住客户的心理，才能从本质上赢得客户的信任和认同。

遨游商海，谈判再寻常不过。马云曾经以“三寸不烂之舌”说服了固执的青岛网商。

“我在北京时就特别喜欢青岛海鲜，尤其是那个海虫子。青岛企业家给我的印象很深，像张瑞敏，我们青岛的海尔、海信、澳柯玛等。这些企业在全国的影响力以及在阿里巴巴内部的影响力都非常之大。”在与山东商人沟通时，作为大企业家的马云并没有摆出高架子，而是一开始就巧妙地打出了感情牌，以最朴实的态度赢得了商人的信任，从而拉近了双方的距离。

除了使用“感情牌”来说服他人，马云还特别善于用前后数字进行对比来说服他人。

马云跟上海商人说：“今天的阿里巴巴不是电子商务，阿里巴巴到底是什么？大家到2009年才会知道我眼中的阿里巴巴到底是什么。真正的电子商务是商业理念的运用，客户的管理。档案的交易都是在网上进行的，今天的阿里巴巴不是我心中的阿里巴巴，五年以后的阿里巴巴才是我心中的阿里巴巴。我坚信，世界20年以后，会有80%的生意都是在网上进行的，网下只不过是货运而已。五年以后再也没有人跟你谈网上做生意是不是危险，该怎么做，这是非常基本的技能。大家不要觉得可怕，我觉得电子商务一定会成为人类生活中的一个重要组成部分，就像七八年以前，我们说以后每天起床第一件事是上网看新闻一样，如今你上班第一件事肯定是收发邮件。30年前，你跟朋友用QQ联系一定是不可能的事情，但是现在就不一样了。10年后、20年后电子商务一定是每个企业、每个用户必须要用的东西，但是电子商务和电视机还是有很大区别的，因为电子商务是一个手段，怎么把这个手段、工具用好是一个技能，不是说用遥控器就可以了。”

与一般的说服不同，马云既没有打感情，也没有讲故事，而是用“20年”“80%”等一系列具体翔实的数字，将阿里巴巴发展理念、未来前景等抽象内容变为贴近生活、可观可感的事物，让听众能更好地理解、参悟。通过前后数字对比，不仅生动地展现出未来电子商务的广阔发展空间，也再次强调了电子商务在未来社会的重要性，为说服他人提供了有力的论据。

精明机智的约瑟夫想买房。一位房产经纪人带他看了许多房子，约瑟夫看了之后始终都不满意：他一会儿说房子太破，一会儿说价格太高。这时，经纪人决定不再推销，让他自己主动购买。几天后，老太莫妮卡希望把自己的房子卖出去，请经纪人代售。这时，经纪人打电话给约瑟夫，请他过来帮个忙，提一些建议。

约瑟夫来了之后，经纪人说：“你看了这么多房子了，非常懂得房子的价值，能不能帮我估算一下这套房子，看看多少钱能够出售。”约瑟夫很高兴，觉得自己是个行家。于是他非常认真地看房，又是拍照，又是记录，之后他信心十足地建议：“这个房子最起码得每平方一万五。”“那如果按照这个价格卖给你，你愿意买吗？”经纪人的问题让约瑟夫忽然一愣。不过想了一会儿，他倒也同意了，毕竟这个房子还算值这个价钱。

经纪人完全抛开平常的售卖观念，而是让约瑟夫自己参与到售卖的环节中来：约瑟夫自己看的房子，自己提出价格，一切都是自己决定的。所以，当经纪人问他是否愿意买这个房子的时候，他当然没有理由拒绝了。由此可见，说服别人有很多种方法，最关键的是要投其所好，在最适当的时机选择适宜的技巧说服别人。

说服是一门学问，也是一门艺术。尤其是谈判过程中的说服，更复杂也更不易。在说服客户的过程中，要用专业的语言，对客户进行专业的科学的解读和分析，尽量少提效益、多提风险。同时，如果客户对你的信息抱有怀疑态度，要立刻用专业的话语，铿锵有力的音调，举出适宜的例子去反驳，去论证自己的观点的正确性。

此外，作为谈判者必须要有丰富的知识储备，列出此次交谈过程中方案的优缺点。只有如此，客户才会觉得你既不夸大，也不自卑，更容易增加谈判的成功率。

马云曾经放出豪言：“2004 年，我们要实现每天利润 100 万；2005 年，我们每天要缴税 100 万。”这句话如果从一个无名小卒口中说出，必然会遭到很多人的嘲笑，但是从马云的嘴里说出，大家就觉得一定会成为现实。果真，他先后用每天利润 100 万、每天缴税 100 万的事实说服了曾经对他的话心存质疑的人们。

说服的方式多种多样，说服的结果也千差万别。但无论如何，要对自己从事的工作或者产品有充足的了解和自信，才会有说服别人的资本和理由。如果你对自己所经营的产品或者从事的工作没有足够深刻的了解和认识，即使说得天花乱坠，也必然会被更加懂行识货的人听出破绽，那么即使你磨破了嘴，别人也不会相信你。

不卑不亢，坦然应对

有些人在与客户交谈时，总是毕恭毕敬、唯唯诺诺，甚至点头哈腰。表面上看来，这种行为似乎是谦和有礼，实际上却是找不到自身价值感的一种表现，很容易引起对方的反感和鄙视。而有些人不管与气场多么强大的“大鳄”交谈，都能做到泰然处之、不卑不亢，反而能赢得对方发自内心的尊重和喜欢。

马云是个经商高手，他的创业生涯中有三分之一的时间都在谈判桌上度过。但无论在谈判过程中面临怎样的境遇，马云始终保持着不卑不亢的气势。2003 年 2 月，马云和孙正义就是否进军 C2C 市场这个问题，达成了高度共识：双方都觉得进军 C2C 市场将对阿里巴巴未来的发展十分有利。那么，尽快进行第四次融资成为进军 C2C 市场的当务之急。

没过多久，孙正义就致电马云，双方约定几天后在日本东京见面商议。

到达东京后，马云、蔡崇信与孙正义及其手下开始了正式谈判。不料，谈判过程中双方的矛盾逐渐暴露出来：一是孙正义二度投资后能否控股；二是阿里巴巴员工能否持股。在这两个问题上，双方一直僵持不下，谈判一度很难进行。

谈判中途休息时，马云去了趟洗手间，孙正义也去了。双方在洗手间对视了片刻，马云表情严肃、不卑不亢地说道："我觉得 8200 万美元是个合适的数字，你觉得怎么样？"孙正义想了一下，很痛快地就同意了。

回到谈判桌上之后，他们告诉在场的人，谈判问题已经解决了，这让大家非常吃惊。此时，蔡崇信说："他们两人去洗手间时，还显得有些紧张，再回到谈判桌的时候就已经笑容满面了。"这就是阿里巴巴的第四次融资，简单一点说，就是孙正义为马云投资做淘宝。谈判之后不久，马云在北京君悦大饭店开了一次新闻发布会，宣布向淘宝追加投资 3.5 亿元人民币。

在与孙正义的谈判中，马云清楚地知道双方的分歧在哪里。同时，他也很清楚孙正义及其团队的需求在哪里。面对谈判中的僵持不下，马云没有声嘶力竭地辩解或心灰意冷地放弃，而是机智地选择了避开公众，与孙正义独谈。在商业大鳄孙正义面前，作为资金需要方的马云并没有卑躬屈膝，点头哈腰，而是不卑不亢、泰然自若地说出了自己的想法：我觉得 8200 万美元是个合适的数字，你觉得怎么样？

需要资金的马云在孙正义眼里处于弱势，但其不卑不亢的态度为他带来了自信的气场。

众所周知，谈判桌上的冷场、僵持很常见。许多初次谈判的人，在面临对方的不合理要求或没有转圜余地时，往往畏首畏尾，胆战心惊，不知道该采用什么态度来使谈判继续进行下去。而高手马云则非常淡定，面对对手的威慑，他总能信心十足、不卑不亢地表达自己的观点和意见，从而赢得对手的信任和尊重。

马云在刚刚创办“中国黄页”时，经常去各大公司宣传自己的产品，寻找客户，想让这些企业老板为“中国黄页”付费。当时有朋友调侃他这种不可能成功的做法，马云却笑着回答：“我有一副天生的好口才，为什么不能在大街上宣传我的公司？”

尽管马云很努力，但始终无法得到那些老板的信任。几天后，当马云第五次来到杭州的一家企业与其老板“谈判”时，他没有说任何话就拿出笔记本电脑，从容不迫地打开了网页。这个网页上显示的，正是这个企业的所有资料，那个老板看到后大吃一惊。随后，他饶有兴趣地坐下来，听马云讲解互联网。最终，马云成功将这个老板的业务收入囊中。

当时的马云一度被外界称为街头宣传、推销的“骗子”，但面对企业老板，他没有放低姿态，畏畏缩缩，而是以不卑不亢、从容不迫的态度去宣传自己的公司，这是难能可贵的。恰恰是这种不卑不亢、坦然应对的态度，让更多的人对“中国黄页”有了深刻的了解和认识，从而使“中国黄页”得以蓬勃发展。

不卑不亢、坦然应对的态度除了在谈判桌上非常奏效，日常生活中，也不可或缺。想要不卑不亢、坦然面对任何事情，必须要有良好的修养、渊博的知识、博大的胸怀和优雅的风度，真心诚意地跟别人沟通。

在日常的人际交往中，不卑不亢体现在既能清楚地认识到比自己能力更强的人的优势、优点，谦虚努力地向他学习，又能在面对弱势群体的时候，不以高傲之心指责别人的短处和错误。尤其是在处理朋友、亲人之间的矛盾时，更要做到不卑不亢、真诚坦然。要在客观、自信地表达自己认为对的观点的基础上，学会倾听，冷静地分析问题产生的原因，才能找到正确的解决办法。

千万不可轻易让步

古语说，上善若水。这是非常有道理的。对江河而言，地形的变化可以让其或直行或蜿蜒，最终却都能归入东海。对人生而言，适时的妥协与变通，何尝不是一种人生智慧。但是变通并不等同于没有原则地妥协让步，尤其是在谈判过程中，没有原则的让步会让自己处于弱势。

作为谈判桌上的“大佬”，马云始终坚持自己的立场，进退有度，拿捏得当。

2000年，日本软银公司老总孙正义为马云投资3500万美元，而马云却嫌钱太多，于是他给孙正义的助手说明自己的意图：“我们只需要足够的钱，太多的钱会坏事。”孙正义的助理听完之后暴跳如雷：“简直不可理喻，我们软银的钱你竟然嫌多，你这是赌博，这是不可能谈下去的！”

但是马云却说："是的，我在赌博，但我只赌自己有把握的事。尽管我以前控制的团队不超过60人，掌握的钱最多2000万美元。但是2000万美元我管得了，太多的钱对我就失去了价值，对于企业不利……"

后来，马云又淡定地给孙正义发了一封邮件："希望与孙先生共同闯荡……如果没有缘分，那么，还是很好的朋友。"几分钟后，孙正义如此回复马云："谢谢您给我一个商业机会，我们一定会让阿里巴巴名扬世界……"

马云这个做法无疑是缜密的。在和孙正义的谈判陷入僵局时，马云没有与其助理据理力争，也没有放弃自己当初"只要2000万美元"的想法，而是在合适的时机做出了很小的让步，这个让步就是主动"示好"，主动"后退"。表面看来，马云的"邮件"是一种谈不下去时的让步，但事实上却是"以退为进""反守为攻"。

试想一下，如果马云跟孙正义的助手据理力争，只会让他恼羞成怒，谈判失败就是必然的。如果马云放弃自己的想法，那么阿里巴巴也可能就会面临巨大的损失。因此，马云用邮件引发两人的情感共鸣，以此制造出"退让"的假象，成功地给孙正义制造了台阶，让他既保全了颜面，又做了好人。这是双方谈判成功的关键。

世界谈判大师赫伯·寇恩说："人生就是一张大谈判桌。不管喜不喜欢，你都已经置身其中了。"的确，每一天，我们都在和生活谈判，都在处理生活中那些纷繁复杂的事情，都在生活的希望和失望之间游走。在生活的谈判桌上，我们不应该轻易让步，坚持自己的信念，并坚持不懈，才可能取得成功。

有一家大型的商场在上海开业，开业之际就面向全国招商。张某想要开一家儿童游乐场，放在商场的一楼大厅中，占地约400平方米，于是，张某就开始与商场负责人交涉，因为张某的资金不太充足，所以商场的房租就得少交一点，利用资金周转，然后进行盈利。

但是，谈判没有这么顺利，谈判过程中，对方要求租金压二付六，这一下就难住了张某。商场租金每月每平方米700元，400平方米，一个月租金就28000元，一下子交八个月的租金，对张某来讲实在有些困难。张某说出自己的想法："我手里现在没有那么多钱，能不能交租金的方式变为押一付二。"显然，对方拒绝了他，商场刚开业，也需要大量的资金周转，所以张某和商场一直僵持不下。

直到周末，商场负责人给张某打来电话，问道："张先生，今天周末，来商场的人非常多，能不能把您的游乐设备提供几件，帮我们商场吸引顾客。"张某沉默了一会儿，说道："设备不在我家里，我等会看能不能让人把设备给我运过来。"

负责人有些着急了："张先生，您一定要保证能运过来啊，我们很需要。"

张某沉吟片刻，说道："经理，那咱们关于租金的问题，能不能给我一个合适的租期？"对方回道："这样吧，张先生，押一付二太少了，您再说一个数。"张某嗯了一声："押一付三吧，市场中大部分都是这样的。"对方无奈答应了张某，张某也为商场运去了游乐设备，最终双方实现了合作，这就是双赢。

这个案例中表明的意思就是，无论什么规则都是商场说了算，张某跟商场谈判本就是不平等的谈判。如果不是需要张某的设备，那么这个谈判注定是失败的。张某拥有的设备为其下一步的谈判赢得了筹码。所以，他才能在关键时刻，顶住商场的压力，迫使对方让步，然后在对方让步的基础上进行让步，巧妙地使自己从被动地位转为主动地位。最终，赢得了谈判的胜利。

谈判过程中，适当的让步能起到至关重要的作用，但是不能轻易让步，要对整体的形势进行斟酌后谨慎让步，如若不然，不仅最后谈判没有成功而且还可能会失去原有的利益，得不偿失。

谈判中，在必须我们做出让步的时候一定要注意四个事项：

1. 不能让对手知道自己的底线，谈判是一个双方不断妥协直到达成一致协议的过程。谈判一开始就把自己的底线给暴露出去无疑是非常愚蠢的，就算你直接把底线暴露了，对方还是会觉得你没有到达底线，还会步步紧逼。“买卖不一心”这个道理大家都明白，都是想要为自己争取最大化的利益。即使到最后因为某一方被迫达成交易，那么也会影响双方未来的合作，为以后埋下隐患。所以，让步的时候一定要控制让步的幅度，一定要让每一次的让步都能起到对自己有利的效果，要让对方认为我们的每一次让步都已经到达我们的底线，从而让对方也进行相应的让步，这才是谈判的让步技巧。

2. 不要做无谓的让步，谈判最忌讳的就是急于求成。没有利益或回报，绝对不能让步，不要以为靠让步就能显示出诚意，这样只会让对方有恃无恐。在进行让步的时候，如果没有得到对方对我们提出的条件的回应，这个让步就没有意义了。

3. 不能轻易接受对方应允的条件。像案例中说的要得到对方应允的条件再进行让步，但这个条件，是需要仔细考量的，如果不假思索直接同意，只会让对方感觉你急于成交，对方就会占据主动，进而逼迫我们让步。在自己让步的同时，一定要拿让步幅度与对方条件作对比，分析对方条件和我方让步会让哪一方更为受益。

4. 拒绝规律。每一次让步都不能用相同力度，要从大到小，有变化地进行让步，最终把让步转变为进攻。根据利益来做出让步的调整，不能让对手看出我方的规律。

这四个问题如果您都注意到了，那么你将会在谈判上得心应手。

Chapter 08

先建感情，再谈事情

——商业中的成交与转化

热情是感染客户的一大筹码

心理学表明，绝大多数人都喜欢和热情的人打交道。一个热情四溢的人，全身上下都充满了激情和力量，他们会通过生活和工作将这种由内而外散发的精神传递给他人，令周围的人也不自觉地热情起来。同时，热情也能在无形中消除人与人之间因生活状况、从事行业等的不同而带来的隔阂感。热情就像在一片干涸的沙漠里看到了绿洲，让人们的内心充满光明和希望。

马云在办“中国黄页”时，总是非常热情地对待客户。无论客户是什么脾气、什么身份，他总是面带笑容、坦诚热情地与他们沟通，以至于到现在，好多客户都与马云成了交情至深的朋友。

“中国黄页”创办伊始，马云天天去街上宣传、讲解，但却没有获得一个客户。尽管如此，马云并不灰心。他每天穿梭于各条街道，近乎疯狂地发名片，推销自己的网络黄页，说服人家心甘情愿地把资料放到网页上去。但互联网是什么东西，那时候，很多人压根不知道。于是，他一度成为世人眼中的“骗子”。

偶尔遇到有人对他所宣传的内容感兴趣，马云便会停下来，热情洋溢地为别人讲解电子商务，讲解中国黄页。他那滔滔不绝的口才、热情似火的劲头、丰富多彩的肢体语言，为他吸引了不少粉丝。

马云曾和他的伙伴们到全国27个城市去宣传。在那些尚且不知道互联网为何物的城市，马云遇到了非常大的瓶颈，一些企业领导认为电子商务是骗人的。于是，马云就搜索了大量的电子商务资料给那些老板看。但是，由于互联网不像某种实体物品那样可观可感，马云依旧被“拒之门外”。但他硬是凭借自己如火般的热情和坚如磐石的毅力，一遍又一遍地为各个老板讲解互联网的商业价值，直至将那些“顽固不化、冥顽不灵”的老板们说得心服口服，心甘情愿地自掏腰包。

无论是对待客户还是对待工作，马云都能将自己的热情投入其中。尤其是跟客户一起谈事情的时候，马云总是表现得热情洋溢，精力充沛。他口舌生花，能在极短的时间内将客户的情绪带动起来。很多客户都是被他那热情又诚恳的态度所折服，这才对他产生了极深的信任。可以说，“中国黄页”能从没有客户发展到有大批量的固定客户，与马云热情洋溢、充满激情的解说有着莫大的关联。

当然，热情并不能直接导致成功，但是热情却能成为成功的催化剂。无论从事哪种工作，都要学会从工作中找到乐趣，继而将加倍的热情投入到工作中去。也只有把工作做好，也才能获得充实感和满足感。

那么，我们应该如何做到让客户相信自己呢？

想要得到客户的信任，就要根据客户的不同性格，来选择适度的热情。比如，对待性格内向的客户，需要面带微笑，简单地介绍产品，待客户提问时，再礼貌热情地回答就好；而对待性格外向的客户，则可以使用热情做“利器”，抓住客户的需求点，努力让客户的思路跟着自己的思路走，这样才能事半功倍。

谁也不能离群索居，都要与人相处。人与人之间的相处应该做到以情相待。当人与人之间发生矛盾的时候，更应该体现出彼此热情的一面，这样才能化解坚冰。也只有每个人都热情相待，大家才能体验到生活的美好，拥有良好的人际关系。

有一则故事：老陈夫妻俩去一家餐馆吃饭。一进门，服务员和吧台内的老板娘都异口同声地向他们打招呼：“欢迎光临”。老陈夫妻笑着对视了一下：这里的服务真热情！老陈夫妻俩刚坐下，就听见一个彪形大汉扯着嗓子喊了起来：“哎，服务员，喊你呐，你给我过来！”一个服务员快速跑了过来，躬着身子听大汉吩咐。大汉继续吃菜，头也不抬：“去，把空调温度调低一点。”“好的，马上去。”服务员得令后，一溜烟跑远了。没想到，刚过一支烟的工夫，大汉又开始喊，而且好像认准了那个服务生一样，指着他：“你，给我过来！”服务员马上来到桌前，依旧保持着一副谦卑的模样。“你们怎么搞的？空调开得这么热！调低一点。”大汉一副大爷的样子。服务生热情回应：“好的，马上去。”

过了不到10分钟，这个大汉又再次大喊：“喂，喂！什么破空调啊，你给我把温度再调低点。”

那个被呼来喝去的服务员似乎一点都不厌烦，依旧热情地服务着。老陈实在看不下去了，拉住服务员悄悄说："不要理这个讨厌人的家伙，他再喊你的话，你就当作没听见。你这么热情干吗？你不累吗？"服务生见老陈一副慈眉善目的样子，瞥了一眼正在大吃特吃的壮汉，在老陈耳边轻轻说道："大哥，不碍事，我们饭店没有空调。"

面对壮汉一而再，再而三的大喊，服务员并没有直接说出没有空调，仍旧用自己的耐心和热情为壮汉"服务"。如果服务员说没有空调，不仅会使壮汉的情绪更加糟糕，而且还会造成其他顾客的不满。这对整个餐馆都将产生坏的影响。

热情是人与人之间进行良好交往的润滑剂。热情不是巴结，不是阿谀奉承，而是发自内心的一种富有感染力的情感。热情是会传染的，人与人之间如果能始终怀有一颗热情之心进行交往，那么彼此之间就会减少误解。当一个人能始终怀着对工作的热情的时候，那么他离成功也就不远了。

时刻把客户的利益放在第一位

在谈判过程中，利益是谈判的核心，也是谈判成败的关键。营销人员关注的利益点是金钱，而客户关注的利益点除了金钱之外，还有产品的质量和后续服务等。营销人员如果想获得更多的客户，让客户长久地购买自己的东西，就必须时刻考虑客户的利益点。

马云是一个非常重视客户价值的人，他曾说："'最后赢一定是赢在客户上面''客户第一这个想法请大家一定要记住''阿里巴巴永远是贯彻客户第一、员工第二、股东第三这个理念的公司。'"马云认为，客户就是企业的衣食父母，必须把客户的利益放在第一位。

"以前是工厂生产东西寻找客户，现在是客户需要什么，工厂去生产，永远用独特的眼光去看世界。"马云认为，企业要想持续长久地发展，必须首先了解客户的需求，然后以此为依据进行产品的生产，生产出来的产品满足了客户的需求，这样企业才能处于不败之地。

刚进阿里巴巴的人都听说过这样一件事，有一天，马云去旁听一节培训课，刚好这位培训人员讲到“如何将梳子卖给和尚”这个问题。他讲得很投入，大家也都听得很高兴，但是马云听完以后就把这个培训师给开除了，引得大家一脸愕然。马云开除这位员工的理由，想必大家都应该知道了，对，就是因为这个培训讲师根本就没有考虑到客户的利益问题。

所谓营销，就是尽可能地把东西卖给别人。但营销不是没有原则地无情售卖，而是融入了价值观和人情味的商业营销。

马云曾这样说过：“做任何事情，不要带着莫名其妙的跟谁比、超越谁的想法。而是说，自己比昨天更懂得客户，比昨天更了解客户的心理，比昨天更懂得服务好客户。这些东西是做企业的关键，做企业的目的，不是盯着对手如何强大，如何做生意，而是眼睛盯着客户。每天要对客户多了解一点，每天要对客户服务得好一点，每天把自己放在客户的角度上去做，才是真谛。”

在与客户的交往中，如果没有把客户的利益放在第一位或让客户感到无利可图，那么客户为什么要和你合作呢？这是许多创业者需要认真思考的一个问题。许多创业失败者都有一个共同点：他们只想着如何尽可能多地获取个人利益，而把客户的利益抛之脑后。可想而知，如果你不能满足客户的需求，客户又为何要买你的东西呢？很多时候，作为营销者的我们也是客户，我们应该多换位思考，站在客户的角度思考问题，当我们把很多问题思考明白的时候，我们才有可能把事业做得更成功。

其实，细细想一下，马云把客户和企业之间的关系看得很透彻，只有让客户满意，客户愿意掏钱，企业才能盈利，才能正常运转。所以，不管何时，马云都对客户秉持着尊重、热情、友善的态度，在深刻了解客户需求的基础上，最大限度地满足客户的利益需求。

在阿里巴巴，马云也经常跟员工分享这样一个故事，故事大概是这样的：

杭州有一个很有名的饭店，它在杭州、上海、南京、北京都有分店，人们想要到这个饭店吃饭，都需要提前几天甚至是一个礼拜预订座位。六天前马云到这家饭店吃饭，当时饭店已经座无虚席，他点好菜后就在那儿等，过了五分钟，经理过来对马云说：“先生，你的菜再重新点吧。”马云问：“怎么了？”经理说：“你的菜点错了，你点了四个汤一个菜，你回去的时候，一定说饭店不好，菜不好，实际上是你没有点好，我们店里有很多好菜，应该点四个菜一个汤。”

讲完这个故事，马云给员工们说：“我觉得这个饭店很有意思，为客人着想，不会像有些饭店看见有客人来，就说龙虾怎么好，甲鱼也不错。而这家饭店的经理会对你讲，没必要这么多，两个人这样就行，不够再点。你感觉他在为客户着想，客户成功了，你才会成功，如果客户不成功，就是你不成功。”

从上面的论述中，我们可以得知，如果要想取得长久的成功，就得了解客户的需求，时刻把客户的需求放在第一位，为客户谋取利益，才能赢得客户的信任。

一定要对客户说真话

众所周知，马云的公关能力超强。一次，有一个网友问马云：“为什么做公关这么强？”马云说：“唯一的秘诀是‘永远讲真话’，不管在什么地方，什么时候，永远说你心里想的。不为了迎合媒体，讲他们爱听的话或者欺骗他们。如果你现在撒一个谎，你可能将来会忘了，等人家问你的时候，你不得不圆另一个谎，这会让你很痛苦。所有人都喜欢诚实的人，但不是所有的人在任何时候都说真话，如果你这么做了，你就显得与众不同。”

俗语说：“纸包不住火。”谁都不是傻瓜，别人可以被欺骗一次，但绝不会被欺骗第二次。谎话说多了，别人对你的信任也就不复存在了。人际交往中，说真话才会为你赢得心心相印的朋友；工作中，说真话，才会为你赢得客户的尊重和信赖。

马云在《财富人生》中讲道："如果你们希望听假话，我可以跟大家讲得很虚伪。但是我相信这儿所有的年轻人跟我一样，希望听真话，所以跟他们进行了彻底坦诚的沟通。世界上最难听的是真话，最容易讲的也是真话，所以你跟他们讲真话的时候他们会听，他们都是聪明人。哈佛也拒绝了很多聪明人，所以我每次去哈佛总是会骂一些人，骂他们是因为爱他们，如果连骂都不骂的时候我就是不爱他们了。"马云在任何的场合都能讲真话，而且还底气十足，掷地有声，那是因为他知道他说的是真话、实话，如果是聪明人，一定能知道他的良苦用心，不会生气。

在创业初期，马云一无所有。为了维持基本的生活，马云和他的伙伴们就帮助外贸企业在网上接出口订单，每年收取外贸企业一定的年费。但是一年下来，马云及其同伴们所促成的交易额还不如这些企业缴纳的年费多。本来可以继续这样糊弄下去，或是等到这些企业的老板前来质问时再做解释，但是，马云还是觉得心里过意不去。于是，在年底走访客户的时候，马云和他的伙伴们就老老实实跟对方讲："电子商务这个东西，将来会很好，但是没有那么立竿见影。要不你们就退钱，明年别再签了。"

没想到，客户听到这句话之后大为感动，还反过来鼓励马云："外贸客户要从传统渠道到网上来，那是需要时间，需要培养。您既然这么为我们着想，我们相信你。"而今，十多年过去了，这些企业还是阿里巴巴的客户。

说真话，不仅是人与人之间实现良好沟通的基本要求，也是跟他人建立信任的基础和前提。正是马云的敢于说真话，让那些外贸企业老板感受到了马云以及他的团队发自内心的真诚，从而对他们产生了莫大的信任。

在《赢在中国》栏目担任评委的时候，有几个选手很可爱，讲话很幽默，深得大众喜欢，节目组想把他们留下来，以此保证节目的收视率。但在马云看来，这几个人根本不适合晋级。于是，他据理力争，想让这几个人被自然淘汰，这引起了很多人的质疑和不满。

面对公众的不解，马云说："我应该讲真话，因为我相信这个节目对很多的初期创业者，甚至是 5 ~ 10 年的创业者的影响是很大的。如果我在上面忽悠，讲的话不真实，为了搞笑而搞笑，就会害了一代创业者。创业以来，我们有很好的模式、产业和团队，所以我们走到了现在。我可以告诉大家，任何企业，在别人看来很好的时候，往往就是灾难要来临的时候。人也是这样的，发现问题的时候，已经晚了。"

马云没有因为节目组的想法而改变自己的想法，他保持着"敢于说真话"的一贯作风，在公众对他的言论指责批评的时候，他依旧选择了说真话。因为他不想因为自己的不实言论，祸害了一批创业者。马云权衡利弊之下的选择，不仅证明了他是真君子，其坦率真实的回答也确实让人佩服不已。马云的"真"来自他的骨子里。正是靠着自己的真诚，马云赢得了人心，赢得了荣耀的地位和丰厚的财富。

说真话需要智慧。说真话也需要注意场合，注意分寸，不可盲目地张口就来，这样的真话只会让自己显得愚蠢和无知。真正有智慧的人，不仅能把"真话"很好地表达出来，还不会得罪别人，反而能获得别人的认同和肯定。所以，在日常工作和学习中，我们一定要不断地修炼自己，充实自己，使自己不仅能说真话，更能有智慧地说真话。

勇于认错，对客户负责

2006年，淘宝推出一款增值服务“招财进宝”，这项服务是为了让卖家能够获得更多的成交单而研发的，主要作用就是付费推广。“招财进宝”刚一推出，就受到了淘宝卖家的集体抵制，而且他们还声称要“集体罢市”。

随后，马云立即发表文章向淘宝卖家道歉，然后又对“招财进宝”进行解释，大致内容是：

首先，今天的淘宝网不是要思考如何赚钱，而是要思考如何做成全世界最好的！淘宝网既然决定了要免费三年，我们就绝不会也没必要破坏自己的承诺。做出三年免费的承诺是所有股东和董事们一致同意的严肃大事。今天没有一个股东再要求我们在淘宝收费赚钱。有人说我们的资金压力很重，但我可以很负责任地告诉大家：今天我们公司拥有的先进储备至少可以为淘宝网再免费二十年！所以大家绝对可以信任淘宝网；其次，我们知道自己在创造中国电子商务的历史！我们未来一定要找到一种公平合理的模式，希望能实现一种能够让愿意付费的人付费、不愿意付费的人可以永远免费的理想商业模式，让淘宝网能发展、让会员能发财、让买家能快乐的模式。我们想走别人不敢走或没人敢走的路，开创中国电子商务的历史；最后，绝不是因为出于钱的考虑才推出“招财进宝”的，一直以来都是想帮一些网店店主们创业更顺利一点而已。我们觉得淘宝网一定要做些大胆的尝试而绝不是出于钱的考虑。很多店主想给自己的网店做点小投资，让自己的小店效率更高访问量更大！在我看来是个小小的投资游戏，是让很多小店主们“小赌怡情”一把的功能而已，与其他淘宝网推出的功能没多大区别。

对于很多商业大佬而言，当公司出现了问题的时候，他们会选择让自己的公关团队去处理，自己在幕后指挥。但是“招财进宝”事件发生后，马云并没有选择这样的做法，也没有去责怪团队中的任何一名成员，而是在第一时间把所有的质疑和不满都揽在了自己身上。作为一名优秀的企业家，马云主动放下身份，真心实意地向客户道歉，这恰恰凸显了马云身上的敢于承担责任、对客户负责的优秀品质。

遇到问题不逃避，勇于认错，勇于承担，对客户负责，才能得到客户的认同与信任。道歉并没有想象中的那么可怕。不管你是领导还是普通人，不管你面对的普通人还是领导，犯了错误，就一定要拿出敢于承担责任的态度和勇气，积极地弥补自己的过失，赢得他人的理解和认同。

2010年，巴拿马总统里卡多对本国的护照进行了修改，修改后总统发现，护照上的国徽出现了错误，总统先生立即叫管理局进行更正，但是，这个时候足足有四万人的印有错误国徽的护照已经打印了出来。

里卡多觉得自己需要道歉，于是，在10月4日晚上，里卡多走上演讲台，对着电视屏幕，面向全国人民承认了自己的错误，然后开始念这四万人的名字，当时电视台工作人员简单算了一下，如果总统先生念一个名字三秒钟，加上吃饭、睡觉，要念完这些名字需要50个小时。

有许多人劝阻里卡多，但是里卡多却说："如果连具体名字都不念，那还谈什么尊重与道歉呢？如果连一个道歉都无法具体地落实到一个人的身上，那还指望我为你们落实什么呢？如果我连为自己承担错误都做不到，那还能指望我来为这个国家承担些什么呢？"

道歉持续了将近四个小时，一位巴拿马人连线到了总统，说道："总统先生，如果您对民众的建议如此不在意，我们还能指望您今后能听取我们什么建议呢？"里卡多问道："你们真的可以原谅我所犯的这个错误？"电话另一边说道："总统先生，我们原谅你。"

一瞬间，全国都沸腾了，纷纷大喊："总统先生，我们原谅你。"直到这时，里卡多才停下来并对着镜头深深地鞠了一躬后说道："谢谢我可爱的巴拿马民众。"里卡多总统由此获得了全国人民的尊重和敬佩。

每个人都会犯错误，无论是普通的民众还是领导人员。有些人犯了错误之后总想逃避或试图掩盖，这样不仅会激起别人的不满情绪，还会引起别人对你或你公司的不信任感。对于销售人员来说，不敢承认错误主要是为了面子和怕失去客户，难道勇于承认错误真的会失去客户吗？答案是否定的。相反，真正有心的客户会因为你的道歉而感受到你的真诚，从而进行长期的合作。

对于销售人员来说，在承认错误的同时，还要积极地为客户解决问题，要尽量减少客户的损失，降低客户愤怒情绪，将事情的不良影响缩减到最小。那么，在向客户道歉的时候应注意以下几点：

1. 态度诚恳，不卑不亢。不可一味地低头认错让客户觉得你只是为了道歉而道歉，要根据事件的严重性做出不同的判断，耐心倾听客户所反映的问题，稳定客户的不满情绪。

2. 承认错误，引导客户，共同解决问题。对自己所犯过的错误要勇于承担责任，站在客户的角度考虑问题，让客户觉得你是为他着想，万万不可逃避问题。

3. 适当的时候可以要求公司出面协调。当客户要求过大的赔偿或提出无理的条件时，员工可要求公司出面进行协调，这个时候，客户就会觉得自己已经受到了公司的重视。语气应会适当缓和，不会过于强硬，然后公司可以提出一个中和的建议，双方进行共同讨论，做出一个合理的解决方案。

用心说话，打动客户

兵法有云："攻心为上，攻城为下。"销售者与客户进行沟通的重点在于攻心，抓住客户内心的需求，才能抓住客户的心，从而产生思想上的共鸣，建立起良好的人际关系，进而达成交易。

马云在谈话的过程中，非常懂得运用"攻心"这一策略。2013 年，马云接受了《时尚先生》专访，记者采访到关于支付宝股权变更的问题时，这样说："社会上也会有讨厌马云的人，但是我从外部角度进行观察的话，这些人大部分是从 2011 年之后开始出现的，你觉得原因是什么呢？"

马云解释道："其实一直都有。只是 2011 年之后，我个人觉得，有几个事情吧。当然，所谓的正义之士就是在支付宝的事情上对我咬牙切齿，觉得我这个人背信弃义，违背契约精神，好像要干掉整个中国互联网，把 VIE 跟我扯上了关系。就像 2007 年，我做雅虎 40% 股权的时候，我知道，这步棋，40%都被人家控制了，你将来就惨了。孙正义最明白，那天我对孙正义说：'好，我马云是个背信弃义的人，是违背契约精神的人。但如果我能找到一个人，我总共投了三四千万美金，但能够拿回来150亿美金的回报，那么，我很喜欢能找到这样一个背信弃义的人来。'孙正义说：'是啊，我找到了。'到今天为止，他总共投了五千万美金不到，拿回了近4亿美金现金，还有30%以上的股份，要是能找到这样一个人，违背契约精神，我也很高兴，对不对？"

马云在回答对方的问题时，不急于为自己辩解，而是先肯定对方的说法，说到对方的心坎上，然后再循序渐进，讲解自己的做法，通过例子来论证自己的思想、做法，将自己的想法灌输到别人的心里，从而获得别人的认可。

在说服别人的技巧上，攻心才是最关键的一环。只有打动对方的心，才能让对方更轻易地接受你以及你的看法。而要想"攻进"对方心里，就必须先摸清对方的心理现状，了解其心理特点和弱点，站在对方的立场上动之以情晓之以理，最后不仅使其"口服"，而且"心服"。

美国薪水最高的推销员乔·库尔曼有一套自己的推销方式。一家工厂的老板叫罗斯，工作很忙，许多推销员都被他挡了回去，但库尔曼却成功地让罗斯接受了自己的推销。下面是两人的谈话记录：

库尔曼："您好，先生，我叫库尔曼，是一家保险公司的推销员。"

罗斯："真对不起，我现在非常忙，没有时间。"

库尔曼："请您允许我做一个自我介绍，用不了十分钟。"

库尔曼看了一眼放在地上的产品，问罗斯，"这些产品是您生产的吗？"

罗斯回答说："是的。"

库尔曼则问道："您从事这一行多久了？"

罗斯："哦，22年。"

库尔曼："您是怎么开始这一行的呢？"

库尔曼的这句话仿佛具有强大的魔力，只见罗斯开始滔滔不绝地谈论起他艰难的创业经历来。后来，罗斯还热情邀请库尔曼参观了自己的工厂。可想而知，库尔曼成功地推销了自己的保险。接下来的三年时间，罗斯买了四份保险。

从这场简短的谈话中，我们发现，库尔曼没有从"推销产品"的角度开始，而是从关心罗斯的成功史开始，这就抓住了"每个人在提起自己成功的过程时都会感慨万千"这一心理特点，在倾听对方的同时既了解了对方，又取得了对方的信任。

因此，我们应该知道这样一个道理：话不在多，攻心则成。我们可以掌握以下两点方法，在沟通中打动别人：

1. 想要抓住别人的心，首先自己要用心。生活中，我们每一个人都应该成为一个优秀的倾听者，倾听不仅是对别人的尊重，也是对别人的认可。用心倾听，一方面可以向他人展示我们自己的修养和素质，让对方认为自己得到了尊重和认可，从而愿意与我们敞开心扉说话；另一方面，倾听可以让我们揣摩对方的心理，了解对方的需求，为自己更好地跟对方沟通打好基础。

2. 除了要会听，当然，会说也是很重要的。人与人之间的沟通，最怕的就是话不投机。很多时候，沟通者双方碍于身份、地位、学历、性格的不同，对某些事物的理解也就不同。因此，说话人在说话前一定要先进行思考，注意措辞的使用和表达技巧的选择，想出能表达自己想法的合适的话语，简单明了但有理有据地说。

Chapter 09

快乐工作，沟通无间

——管理中的沟通力运用

好的团队是激励出来的

很多人认为带团队就要善于管理，殊不知，好的团队并不是管理出来的，而是激励出来的。纯粹的管并不能打造出一个超强无敌的团队，相反，还有可能会产生反作用力，使员工无法自我约束，纪律散乱，使企业陷入“表面整齐，实质混乱”的局面。

管理的最高境界其实是让管理者的理念自动自发地深入到员工的内心当中，而非让员工被动地接受上级的命令。要实现这样的境界并非易事，这就需要管理者懂得运用激励的艺术与员工沟通，达到管理的目的。

激励可以让员工从内心中增强对企业的认同感和归属感，懂得把企业的利益同自己的利益有效结合，激发员工的工作热情和潜能。而在激励的运用上，语言始终发挥着非常重要的作用。

在运用语言进行激励团队这一点上，马云一直是无人能敌的。马云善于运用激励的“手段”带团队，阿里巴巴能做到今天的这个程度，靠的就是马云那激励人心的话语，这一句句话语就像黑夜中的点点星光，指引着阿里巴巴不断向前进。

下面，我们来看看马云是如何在阿里巴巴的第一次员工大会上激励大家的：

> 就是往前冲，一直往前冲。我说团队精神非常非常重要。往前冲的时候，失败了还有这个团队，还有一拨人互相支撑着，你有什么可恐惧的？今天，要你一个人出去闯，你是有点慌。你这个年龄现在在杭州找份工作，一个月三四千块钱你拿得到，但你就不会有今天这种干劲，这种闯劲，三五年后，你还会再找新工作。我觉得黑暗中大家一起摸索一起喊叫着往前冲，就什么都不慌了。十几个人手里拿着大刀，啊！啊！啊！向前冲，有什么好慌的，对不对？

这就是阿里巴巴举步维艰的时候，马云对员工的演讲，他的话语中充满了激情，充满了动力，没有用华丽的辞藻，优美的修辞，有了的就是这种朴实的充满力量的尽头。当一些人在失望与希望的交错中踌躇不前时，是什么让他们心头振奋？是这样一番发自肺腑、鼓舞斗志的话，这话给了他们继续战斗下去的勇气和力量。

团队靠激励，激励靠语言。语言带来的震撼力、煽动力无可估量。好口才能激发团队的热情，让团队拥有强大的战斗力。联想的柳传志认为，领导人大体可以分为两种类型，一种是孔雀型，以个人魅力取胜；一种是老虎型，以发号施令树威。马云属于孔雀型的领导人，他以自己的魅力取胜，很多人正是被他的魅力所折服，所以无论公司陷入何种困境，都始终没有放弃对他的信心和追随。

马云的团队为何有强大的凝聚力，其中最主要的原因就是因为马云特别会激励人。马云曾说：“‘不要轻易离开团队，否则你要从零做起’‘不要老想着做不顺就放弃，哪个团队都有问题，哪个团队都有优点’‘团队的问题就是你脱颖而出的机会，抱怨和埋怨团队就是打自己耳光，说自己无能，更是在放弃机会’‘创造利润是你存在的核心价值，创业不是做慈善’。”

在工作中，马云总是用这样简洁而明了的话语告诉员工他们的使命以及他们所应承担的责任。马云还这样说：“谁能最后享受到胜利成果？第一，能始终跟着团队一起成长的人；第二，对团队的前景始终看好的人；第三，在团队不断的探索中能找到自己位置的人；第四，为了团队新的目标不断学习新东西的人；第五，抗压能力强且有耐性的人；第六，与团队同心同德、同舟共济、同甘共苦的人；第七，不计较个人得失，顾全大局的人；第八，雄心博大，德才兼备，有奉献的人！”

马云这激励人心的话不仅让员工知道了管理者的想法，也让他们清楚了自己所应努力的方向。这样的讲话胜过种种制度的约束和条条框框的管理，一个内心被激发出了价值感和使命感、荣誉感的员工，往往能自动自发地努力工作，那么这样的员工自然也能与公司一起慢慢成长。

马云认为，激励团队比激励员工更重要，有共同价值观和企业文化的员工是企业最大的财富。他曾说："'一个人再怎么能干，也强不过一帮很能干的人''少林派很成功，不是因为某一个人很厉害，而是因为整个门派都很厉害'。"马云也一直强调，激励在调动员工积极性方面远比惩罚等制度的约束要奏效得多。所以在阿里巴巴，马云把CEO看作"首席教育官"，其使命就是向员工传达价值观、使命感等。

用使命感激发团队凝聚力

马云不止一次地在演讲中说过，阿里巴巴最值钱的东西就是使命感和价值观。

说商人是唯利是图、有钱就赚的主，那是传统的看法。人有所为，有所不为，商人更是如此。对于商人马云来说，承担社会的责任，创造价值，完善社会功能，是他的伟大理想，也是他信奉的真谛。他认为，公司首先要能为社会创造真正的财富和价值，可以持续不断地改变这个社会或者推动着社会的发展进步。所以，在阿里巴巴发展之初，马云就给它注入了伟大的“基因”——服务社会群体，为社会创造价值。

1999 年 3 月，创立之初的公司，遇到了极大的困难与挑战，一批优秀的员工以每月 500 元的工资跟随着马云艰苦创业，除了待遇不好，工作也是特别的辛苦。阿里巴巴的员工也抱怨过：我生活的全部就是工作，朋友也只有你们几个同事。还有一些人抱怨：宁愿不要期权，也要多发点工资。但是，马云则一直鼓舞大家，激励他们要有信心。

如今，阿里巴巴已经做到了如此大的规模，“十八罗汉”也没有一个人离开公司。这不仅是因为马云那出色的口才，最重要的是他们被马云身上所具有的那种强烈的社会责任感而感动。在马云的带领下，阿里巴巴的员工始终认为自己的工作是开创电子商务的新时代，是改变中国，甚至改变世界的具有跨时代意义的工作。

1999 年 10 月和 2000 年 1 月，这两个月对马云和他的公司来说具有十分重要的意义——两次共获得 2500 万美元的国际风险资金。当时的马云曾这样描绘阿里巴巴的未来：世界各地商人的工作方式将会进行彻底的变革，他们可以每天早上起来喝杯咖啡，访问阿里巴巴网站，在上面做交易、下单、找客户、订机票等，不需要到办公室上班，在家就会完成这些任务。

“中国的很多互联网公司可以模仿雅虎、AOL、亚马逊、eBay，阿里巴巴模仿谁？我们只能跟着使命感走。这个使命不是盈利、上市，而是改变世界，尤其是中国商业世界的规则。”马云曾这样说过。

缺乏信用曾是困扰中国经济增长的一个瓶颈问题。当企业在互相抱怨，而政府也对此束手无策之时，阿里巴巴却在自己的网站上一步步创建诚信的气氛。马云提出的口号是：“让诚信的商人先富起来。”阿里巴巴中文站的“诚信通”现在成了火爆的品牌。在卸任 CEO 的演讲中，马云曾说：“大家都认为这是一个缺乏信任的时代，你居然会从一个你都没有听见过的名字，闻香识女人这样人的身上，付钱给他，买一个你可能从来没见过的东西，经过上千上百公里，通过一个你不认识的人，到了你手上，今天的中国，拥有信任，拥有相信，每天 2400 万笔淘宝的交易，意味着在中国有 2400 万个信任在流转着。”

这就是马云的使命，虽然在这段话中，他没有直接说出来阿里巴巴当时的使命是创建诚信，实现彼此之间的信任。但是他却以自己的实际行动带领着人们朝实现诚信这一方向发展，他说“让诚信的商人先富起来”这一句话既体现了他当时的宗旨，又体现了他强烈的社会责任感。

让团队感受到无间的距离

“创业者是有团队的，黑暗之中一个人走是可怕的，但那么多人手拉着手走的时候那是快乐的，那是勇往直前。”在马云的管理哲学中，创业公司想要度过低潮期，就要依靠团队的力量；正在发展中的公司想要稳健持久，也要依靠团队的力量。而阿里巴巴之所以能够成为“帝国”，其最宝贵的财富就是拥有一支甘苦与共、亲密无间的团队。他们用心沟通、彼此扶持、亲如兄弟。

逆境时与团队共渡难关，成功时与团队分享喜悦。马云将自己超强的沟通能力发挥得淋漓尽致，让团队在快乐轻松的工作氛围中感受到无间的距离。2003 年，对于刚刚度过网络经济泡沫寒冬的阿里巴巴来说，无疑是个充满希望的春天。可就在此时，阿里巴巴的危机又一次到来：公司出现了一个疑似感染“非典”的员工，整个办公区域完全被封锁，所有员工都被隔离在家。

但是，对马云的电子商务公司来说，即使在家，员工们照样可以办公。可是，如果在家办公，就意味着员工可能拿不到与平时一样的工资，许多家庭的生计会出现问题，这就引来了许多家属的质疑和不满。在这人心惶惶，形势如同一盘散沙的危急时刻，马云怀着复杂的心情提笔写了一封道歉信：

这几天我的心情很沉重！从上午知道确诊后到现在，我一直想向所有人表示深深的歉意！如果今天有任何事可以交换我们不幸患病的同事的健康，如果今天我们可以做任何事来确保同事和杭城父老兄弟姐妹的健康，我愿意付出一切！

我知道今天做的任何解释都毫无意义，毕竟事情已经发生！我为我们的同事在事发前所做的一切应急预防措施表示遗憾！因为我的准备工作也许是杭州最好的之一，但由于种种偶然因素，我们还是被 SARS 击中！而我们的应急方案居然真的派上了用场！

确实，阿里巴巴存在很多不足之处和漏洞，很多问题我们会在灾难后认真反省！作为公司负责人，我很想承担所有的责任，如果可以的话。但理智告诉我，今天还不到指责埋怨的时候！今天我需要和大家一起共渡难关，迎接挑战！一家由年轻人组成的年轻的公司，经过这次（危机）我们会成熟得很快！让我们共同为那位生病的同事祈祷！祝福她早日康复！

以诚挚的道歉作为开场，以愿意付出一切的决心想要换取生病同事的健康。马云在危机来临之时，不但完全抛开了自己的领导身份，站在员工的立场上给他们以最大限度的安抚，而且想要努力承担起所有的责任，和员工们一起迎接挑战、共渡难关。他用自己的责任感、使命感和人格魅力与员工对话，不仅让大家的埋怨、焦躁、担忧的情绪得以缓解，同时也以最大的诚意与员工实现了心灵沟通，使整个团队感受到了无间的距离。

“那个时候虽然没有人监管，但大家都很自觉。那个时候每天会收到很多同事的问候邮件和马总的邮件，大家互相鼓励，亲如家人。闲暇之时，我们会在网上聊天，晚上我们一起飙歌，还有很多人把自己做的菜秀在空间里。在一个本该充满恐慌的日子里，我们却感觉特别的快乐和温暖。”在大家被“放出来”之后，一位员工说了上面这段话。

东芝的领导者士光敏夫，经常实地考察东芝在全国的各个工厂。有一次，在前往某个工厂的途中，恰巧遇上瓢泼大雨。他赶到工厂下了车，站在雨中对员工们讲话，等到讲完话，已是 70 多岁高龄的士光敏夫全身上下已经湿透，此情此景，让员工分外感动，他们争相对他喊：“社长当心感冒！保重身体，我们一定会拼命地工作！”看到车窗外的一幕，士光敏夫泪流满面，他在心中暗暗告诫自己：要对每位员工好一点，再好一点。

而今，许多公司领导在讲话时，总是正襟危坐，表情严肃，看起来很正式，但却总是绕不开众人皆知的大道理和英雄主义的说教，这让员工听起来心烦不已。这种讲话除了带来无尽的阻碍和隔阂，并不会收到其他任何好的效果。而马云讲话，通俗易懂的短句和生动形象的比喻，在他的演讲和讲话中倒是时常出现。他也总能在第一时间发现员工的情绪波动和心理变化，然后以最快的速度给他们以最大限度的疏导和安慰。

有一年年底，公司通知全员加班，且不发年终奖，大家都有些闷闷不乐，办公室的气氛也一直活跃不起来。于是，在之后的某一天，马云把大家召集在一起，笑着说："假如你们每人有 500 万元年终奖，你们想怎么花？"顿时，办公室里炸了窝，大家七嘴八舌地议论起来，兴奋地"畅想"了近一个小时。此时，马云突然打断："好！大家说的这些都会实现，接下来干活吧。"大家闹着笑着四散开去，有位员工边走边开玩笑："马总，让我们再多说一会儿吧，我才用了 300 万元呢！"

面对办公室的沉闷气氛和大家心情上的不愉快，作为领导的马云没有进行批评和指责，而是以天马行空的想象，让大家暂时从烦闷枯燥的工作中解脱出来，获得精神上的享受和放松。

由于创业初期资金短缺、困难重重，自带幽默感的马云也极尽所能地想出各种各样的办法哄大家开心。比如，对于工作中表现出色的伙伴，不进行物质奖励，而采用"加寿"的办法。每次开总结会时，马云都会给工作出色的伙伴加寿，200 岁、300 岁，有一位钱姓的伙伴几乎每次都会被加寿，最后竟然加到了"九千岁"。

幽默的说话风格、搞笑的激励手段，让马云成为大家眼中的"活宝"。很多时候，他在公司大会上的讲话和员工的对话都是来自生活，生动而真实，因而更能带给员工一种轻松愉悦的感觉。对于员工工作中出现的问题，他会"自带幽默"又"一针见血"地指出；对于员工的劳动成果，他又会及时肯定并与大家一起分享。所以，很多员工在他面前能够畅所欲言，丝毫没有一般公司领导与员工的生分感、隔阂感。

作为管理者，只有及时有效地与下属沟通，才能在第一时间消灭隔阂和矛盾，让团队感受到无间的距离，从而与你同舟共济、并肩战斗。

用梦想作为团队前进的“诱饵”

“梦想还是要有的，万一实现了呢？”这句原本出自《中国青年报》特别报道部副主任刘万永的话，因为被马云选择印在送给嘉宾的T恤上，并作为马云的演讲题目，而成为马云谈梦想的经典句子之一。

“幻想拍电影演风清扬”“希望能买下酒店送给流浪汉”，马云不仅喜欢做梦，而且还善于追梦。作为企业家，马云把梦想作为创业的主线，始终将其贯穿在奋斗之路上；作为管理者，马云用梦想作“诱饵”，激励员工发光发热、破浪前行。

2001年，互联网迎来了前所未有的寒冷冬天。昔日号令天下、呼风唤雨的网络英雄纷纷倒戈，许多网络商户也相继选择“离家出走”，一些勉强支撑着没有倒下的，也如“霜打的茄子”一般，耷拉着脸。整个互联网行业处处呈现出一派萧条的景象。

面对这样不堪的互联网形势，马云没有改变初心，没有放弃最初的梦想，他曾对投资人孙正义信心十足地说："孙先生，一年前你为我融资的时候，我向你要钱的时候，我讲的是这个梦想，现在我仍然要告诉你，我还是这个梦想，唯一的区别就是我朝我的梦想往前了一步，并且我还在往前走。"看着笃定自信的马云，孙正义说："你是唯一一个三年前对我说什么、现在还对我说什么的人！"

在阿里巴巴成立的最初几年，许多人对马云拟定的发展方向和经营模式表示质疑，其中不乏商业大鳄、媒体名人。尤其是 B2B 模式上线后，连网易 CEO 丁磊、搜狐 CEO 张朝阳等人都不看好。他们一边和马云分析理论，一边又对其极力劝说，但马云依旧坚持己见。为此，马云还跟公司的 CEO 吵了 6 年，每年打赌 1 万元，结果吵到第 7 年，马云的模式开始大获成功，他们的争吵也停止了。

管理大师韦伯认为，最初树立的价值观将会对管理者未来的管理行为及方式产生深远的影响。而这种价值观正是对梦想的传递和延伸，它指引着每一位管理者在追梦路上奔跑不息。对一个企业而言，要有一个属于自己的"企业梦"，因为它引领着企业的发展方向；对每一位员工而言，还要有一个属于员工自己的"个人梦"，因为它驱动着员工奋力前行。以梦想为诱饵，及时跟员工互动，让员工在工作的过程中追逐梦想，满足其精神需求，员工就会为公司发展竭诚贡献自己的力量。

而把企业的"梦想"与员工个人的"梦想"统一，并以此为诱饵，发挥每位员工的光和热，是马云与员工互动时常采用的方式。"不要让你的同事为你干活，而让我们的同事为我们的目标干活，共同努力，团结在一个共同的目标下面，就要比团结在你一个企业家底下容易得多。所以首先要说服大家认同共同的理想，而不是让大家来为你干活。”在收购雅虎后，马云这样对大家说。

纵观马云内部讲话，不难发现，他讲得最多的词语就是“团队”“我们”“大家”，而很少说“你”“我”，以此让每一位员工在心中形成一个统一的意识：自己不是单枪匹马在战斗，而是和许多追梦人一起，风雨兼程、甘苦与共。

然而，梦想是美好的，实现梦想的过程却充满了无数坎坷曲折。最重要的是，在这个寻梦的过程中，要有别人没有的自信和毅力。不要因为暂时的失败而放弃梦想，更不要因为自身的劣势而自卑、自轻自贱，你只要相信，自己可以，并大步向前，你终会为梦想找到出口。

快乐因子，催生“听话”员工

阿里巴巴的每一间办公室的主色调均是能给人带来快乐和温暖的橙色，让人一进入这个环境，就能被无限的轻松包围。阿里巴巴公司的工作氛围也是很好的。在这里，每一个员工都是充满了激情和活力的，“死气沉沉”在这里是不被允许的。

有一个场景在阿里巴巴很常见：销售人员站在电话机前，能够声情并茂地与客户沟通，说到兴奋的时候，甚至会手舞足蹈。从他们的身上，你可以看到青春的活力和对工作的热情。就连阿里巴巴现任集团副总裁卫哲第一次看到这样的场面时也吃了一惊：“这恐怕是中国笑脸最多的一个公司，而且执行能力超强，我不知道为什么！”

其实，阿里人的快乐和“听话”，皆来自马云的良好沟通和大力倡导。马云说：“我第一天就不想控股。我说一个 CEO，一个公司的头绝对不能用自己的股份来控制这家企业。是应该用智慧、胸怀、眼光来管理领导这家企业。”马云情商很高，他十分懂得发挥自己骨子里的激情和幽默，并用它们为员工创造舒适的工作环境和快乐的工作氛围。

“我希望我们的每一个员工都能上班像疯子，下班笑眯眯，而不是把工作当成负担，每天像个苦行僧一样地活着，没有笑脸的公司是痛苦的。”作为管理者，马云希望自己的员工是快乐的，同时，他也从不把自己的坏情绪传染给员工，无论什么时候出现在员工面前，他总是一副开心快乐的表情。即使在阿里巴巴陷入危机的关键时刻，出现在大家面前的马云依旧是快乐的。

“员工第一、客户第二。没有他们，就没有这个网站，只有他们开心了，我们的客户才会开心。而那些客户鼓励的话，又让他们发疯一样去工作，这也使得我们的网站不断发展。”在马云的心里，员工占有很重要的地位，只有让员工从内心深处感受到来自工作的快乐和幸福，他们才能踏实用心地服务好客户，从而才能更好地带动企业向前发展。

2011 年，经常与员工互动的马云发现，很多员工面临着买房难、买房压力大、子女上学难的问题。于是，就在当年，阿里巴巴大规模的员工福利计划启动：30 亿元的“iHome”置业贷款计划，致力为阿里巴巴的员工提供无息住房贷款，但总监及以上级别管理层将不能享受。此外，阿里还设置了 5 亿元的教育基金，致力解决员工子女教育问题。许多员工都被马云的周到考虑感动了。马云把阿里人作为阿里巴巴最宝贵的财富，用心相待，使所有的员工亲密无间，亲如一家。

马云说：“房子贷款，我们也许解决不了所有问题，但是可以表达我们的心意。对于幼儿园、托儿所、小学，我们进行投资发展。甚至有必要的话，我们跟人合建。虽然这可能解决不了多少问题，但是我们要表达心意。”

及时有效地与员工进行沟通，在满足员工物质需求的基础上，极力满足他们的精神需求，增加每位员工的幸福感和归属感，让员工心甘情愿地为公司效力，是马云传递快乐因子催生“听话”员工的又一绝招。

很难想象，在阿里巴巴这个拥有几千人的大公司里，只要你一天的工作做完，随时上下班都可以。员工可以穿旱冰鞋上班，也可以随时去马云的办公室。对此，马云这样解释：“人有一样东西是平等，就是每天 24 小时。不快乐的工作就是不负责任。”多数时候，老板马云还亲自上阵，鼓励大家快乐工作。比如，某天他会“神龙见首不见尾”地出现在某个情绪不高的员工身后，眉飞色舞地与之聊天，让人忽然激动一把。也会把手机铃声调成红色歌曲，时不时地给员工以“红色革命”教育。阿里巴巴还设有员工俱乐部，员工们可以在网上发布招募会员的帖子，寻找志同道合的伙伴，组织各种各样的活动，而活动经费全部由公司承担。

2005 年“雅巴”正式联姻，马云请所有雅虎的员工到杭州阿里巴巴总部参观，并为他们举办了盛大的欢送会。会上，马云化装成一个维吾尔族姑娘，摇头晃脑地跳着新疆舞，逗得大家哈哈大笑；首席财政官蔡崇信则一改往日的严肃庄重，直接穿上丝袜，来了一段性感迷人的钢管舞，令众人瞠目结舌，欢呼鼓掌。

在阿里巴巴，快乐的因子到处都是。马云，作为串联这些快乐因子的“引线”，发挥着不可替代的作用。

只有高效及时地与员工沟通，了解他们的所需所想，才能真正为员工解除后顾之忧，让他们安心工作，这是快乐工作的前提；只有处处为员工着想，才能让员工真正把“工作当事业”，从而感受到来自工作的幸福和快乐。

作为管理者，让所有员工拼死拼活地低头工作并不是真正的管理，而努力为员工创造快乐、传递快乐，让员工在宽松舒适的办公环境中发挥潜能，留住员工的心，这才是管理的最高境界。

及时沟通，避免矛盾扩大化

要让团队保持高效运作，及时沟通尤为重要。良好的沟通，不仅能及时解决问题，保证工作能够顺利开展，也能有效地增加员工与领导的感情，员工与企业的感情。

1999 年，在马云湖畔花园的家中，阿里巴巴横空出世，在后续的发展中逐渐成为互联网行业中的一匹黑马。公司规模的扩大、员工人数的增多，使马云不得不做出让“阿里巴巴”搬家的决定。从湖畔花园到华星时代，阿里巴巴从一个实验室变为一家正规公司，从前甘苦与共、携手同行的十八罗汉也被分成了领导和员工这两个等级。工作环境的改变、规章制度的落地、人员结构的调整，让原先团结一心的“元老们”之间的误会和隔阂越积越多。

于是，在搬家之后的一个晚上，除去四个领导，剩下的 14 名员工坐在咖啡馆里，你一言我一语，或激昂或愤懑地宣泄他们内心的不满和质疑。其中有一个叫楼文胜的说："说了这么多，一拍屁股就走，等于于事无补，我们的心声必须得让马云听到。"于是，他掏出纸笔，将大家的想法写了满满一大张纸。

面对创业伙伴的质疑和不满，收到信的马云并没有逃避，直接把十八罗汉召集在一起，说了这样一段话："今天大家不用回去了，既然你们有那么多怨恨，很多人有委屈，现在当事人都在，都说出来，一个个骂过来，想哭就哭，所有都摊在桌面上，不谈完别走！"

于是，从晚上九点到凌晨五点，在这连续的几个小时中，有人失声痛哭，有人争吵辩解，大家用从前惯用的方式，肆意释放着自己内心的不解、委屈和怨气。最后，在离席的那一刻，所有人的不快都烟消云散了。

对比义正词言的警告处罚和无数次的沟通协调，马云对上述问题的处理方式要高明许多。看到问题后，不回避、不逃避，就已经在很大程度上赢得了大家的信任。马云在大家面前所说的这一番慷慨激昂且充满义气的话语看似简单，实际上极为巧妙地避开了许多领导都会惯用的私下谈话平衡制约的方式，让大家把问题放在桌面上，用公开透明的方式，将彼此间的不满都一一宣泄出来。当各种不满都表达出来之后，大家依旧可以并肩携手、共同战斗。

如果当时马云看完信后，没有采用上述方法，而是直接把大家召集在一起进行劝解和压制，或者一个一个私底下谈话，那么，从表面看来，问题似乎已经解决，但实际上，每个人内心的不满情绪依然存在。这不但不能解决问题，更会使彼此间的误会越积越多，进而阻碍团队的协作、公司的运转。

作为员工，有问题及时和老板沟通，不仅能够避免重复无效劳动，也能让老板及时了解自己工作的开展情况，进而安排下一步工作；作为老板，及时和员工沟通，就能准确地了解到具体工作在开展过程中存在的问题，从而帮助员工解决问题。

早在淘宝创立之初，马云招聘了一些优秀大学生，希望以此提升淘宝的影响力。而原来的员工多数都是“老人”，与年轻的“新人”相处，出现“欺负、打压”的现象在所难免。一天，本身就对“老人”心存不满的苏铁因为一点小事和一位老员工争执起来，最后苏铁竟因此事要求离职。马云知道后如是劝说苏铁：

当年清朝名臣曾国藩刚入仕途时，遭到许多人的排挤。特别是有个军机大臣，看不惯他的作风，处处为难他。曾国藩写下了这样一段话：“居心平，然后可历世路之险。盘根错节，可以验我之才；波流风靡，可以验我之操；艰难险阻，可以验我之思；震撼折衡，可以验我之力；含垢忍辱，可以验我之操。”正是曾国藩的心态让他成为清朝第一名臣。和他相比，你受的那点还算屈辱吗？刚踏入社会，许多人都会经历‘被欺负’的阶段，这是社会的流弊，也是对你的一种历练。所以，你既然无法阻止，就只有接受，想办法去解决。

马云的一席话，让苏铁内心深受鼓舞，在反思自己的同时，主动与那名老员工往来，两人从此冰释前嫌。

不凭借个人喜好私下偏袒，也没有凭借一面之词兴师问罪，既能在事情发生时做到临危不乱，选择最合适的处理方式，又能在事件处理中注重沟通技巧，化复杂为简单。从马云处理苏铁这件事上可以看出，马云与员工的沟通不仅及时、到位，而且准确、直抵人心。

2006 年，马云在内部讲话中说："最近我们看了很多文章，百分之九十都是骂我们的，还有百分之十是我们自己写的。跟我判断的一样，大家不要吃惊。确实有对手请了四五家公关公司天天给我们写不好的文章。说我们今天要破产了，明天要走到边缘了，后天又要怎么样了。有些文章我都很想拿来和大家分享一下，提高一下抗击打能力。"

不回避问题，主动去面对问题，面对坊间的流言蜚语，马云没有视而不见，而是采用开诚布公的方式，在员工没有提出这个问题之前，主动说给员工听。让他们自己去了解、去认知、去判断，这不仅免去了大家多余的担心和顾虑，稳定了军心，也在无形中给大家打了一剂强心针。

谈心式沟通，增强个人领导力

管理从沟通开始，沟通是管理的有效方式。企业塑造正确价值观的过程离不开有效的沟通。管理者要做出决策就必须从员工那里得到相关的信息，而获取这种信息的唯一通道就是沟通。马云认为，管理者和团队需要进行沟通。他说："团队最关键的是要跟他们达到充分的沟通。"

有一天，身在国外的马云正在候机。他打开了阿里巴巴企业内网，看到一个帖子，该帖倡导大家在内网中点燃"民主自由之火种"，以"直面社会的黑暗"。

登上飞机后，马云花了2个小时写出一封长信，与入职不到3年的新员工谈心。其中有一段话是这样写的：

很久没有机会和新来的同事们交流我的看法了。这几年来了那么多的新人，感谢大家对我们的信任，你们把一生最宝贵的时间给了阿里的理想。这种信任是极其珍贵的。但很多人来这公司其实并不了解我们，对阿里的理解大部分是从外面了解的，更有人说是因为我而来这公司……我彻底晕倒！我绝对没有那么可爱和具吸引力，我深知自己这点水平和能力，我一定会让您失望，这我绝对保证。阿里也没有别人说的那么好，我们是一家这个时代运气很好的公司，我们是群平凡的不能再平凡的人，我们在一起就是想一起做些不平凡的事。当然我们也没有外面某些人说的那么坏。我们只是一批年轻人，在做一件前人没有做过的事，我们在努力把现实和理想结合起来，我们在努力尝试，改变……我们平均年龄只有26岁，这是个犯错误的年龄。我们一直在犯各种错误，并以此当作我们的财富在积累……

马云非常重视与员工的沟通，并且他会通过各种方式和员工进行沟通。一方面去关注员工的心理变化，另一方面还不断地把自己的想法告诉员工。让员工始终记着公司的宗旨，使他们经得起诱惑，不骄傲，不自满，始终保持斗志昂扬的状态。

马云和大多数企业老板不同，他不喜欢安安静静地坐在办公室里等着听下属向他汇报。他认为，想要真正地了解员工的工作进展和实际需要，就应该亲自走到他们当中，这样才能“闻”到最真实的“味道”。

据阿里巴巴销售团队的员工说，马云经常在大家不留神的时候出现，和大家聊聊业务，听他们反映工作中遇到的困难。如果有员工在工作上遇到了困难，他会不动声色地给些启发；如果有员工心情不好，他会用自己的乐观情绪引导他们走出低沉。员工们都很喜欢这种方式，既不唐突，又能及时进行工作上的沟通。

根据现代管理的要求，团队内部的沟通有四大原则，作为领导者只有把握了这四大原则，才能成为合格的团队领袖。那么，管理者如何才能与员工进行有效的沟通呢？

1. 用恰当的方式去沟通。在企业中，由于员工的年龄、教育、背景的不同，他们在对事情的理解程度以及对问题的处理方式等都会有所不同。作为管理者应注意到这种差别，应当使自己想要表达的意思以尽可能大家都理解的方式表达出来，争取获得所有员工的理解和认同。

2. 倾听也是一种沟通。水能载舟亦能覆舟，企业的发展离不开员工的辛苦工作。作为管理者，应该积极地听取员工的意见和建议。员工来自公司的基层，他们反映的问题也是公司最基础性的问题，但同时也是最重要的，是很多高层的管理者无法知道的，但最应当重视的。

3. 恰当地使用肢体语言。在沟通当中，适当地使用一些肢体语言，比如，赞许性的点头、积极的目光交流，会使谈话呈现出更好的效果。如果员工认为你对他说的话很感兴趣，那么他就乐意向你提供更多的信息。

4. 懂得谦虚，放下架子。当领导者放下架子认真倾听时，员工自然愿意说出真实的想法，也愿意接受相关的建议和意见。相反，如果领导者抱着“我就是比你懂得多”“我是来检查你工作的”这样的心态来与员工说话，那么员工可能就不会敞开心扉沟通了。